검색만 잘했을 뿐인데

매출이
두 배가
됐습니다

×2

아무나 쉽게 따라 하는 빅데이터 시장조사

검색만 잘했을 뿐인데

매출이 두 배가 됐습니다

손정일 · 강덕봉 · 김정인 · 남궁은 지음

원앤원북스

우리 제품이 들어설 시장이 진짜 있을까?

●○○

간단한 온라인 조사 도구를 활용해
시장과 고객을 확인하는 법

예비창업자나 스타트업이 어떤 아이템(제품 또는 서비스)을 출시하려고
할 때 가장 먼저 해야 할 일은 '시장조사'입니다. 본인의 아이템에 대
한 사업 환경이나 시장 규모는 어느 정도인지, 우리의 고객은 누구이
며 어떤 특성을 가지고 있는지, 경쟁사는 어디이며 어떤 장단점을 가
지고 있는지, 그리고 실제 출시했을 때 어떤 유통 채널을 확보해야 하
는지 등에 대한 시장조사가 필요합니다.

　이러한 시장조사를 거치지 않으면 많은 노력과 비용을 들여서 만
든 아이템이 출시되었을 때 막상 판매할 시장 또는 고객이 없거나, 반
대로 경쟁사가 너무 많아서 사업을 제대로 시작해보지도 못하고 업계
에서 사라지게 될 수도 있습니다. 특히 사업을 준비하는 예비창업자나

규모가 작은 스타트업은 시장을 제대로 알지 못한 상태에서 아이템을 출시할 경우 본인들이 가진 대부분의 자원과 예산을 한 번에 소진할 수도 있기 때문에 더욱 중요한 작업이라고 할 수 있습니다.

보다 명확하고 구체적인 시장조사를 통해 본인들이 생각하고 있는 아이템을 한 번 더 점검해보고, 시장과 고객에 대한 올바른 이해를 기반으로 사업계획을 세우고 준비한다면 분명 시행착오나 리스크를 줄이고 성공 확률을 높일 수 있을 것이라 생각합니다.

이 책에서는 온라인 시장조사에 필요한 도구들을 하나씩 살펴보고 활용하는 방법을 알려줍니다. 시장조사 및 분석에 대한 깊이 있는 내용보다는 온라인 시장조사에 필요한 도구를 활용하는 방법 위주로 구성했습니다. 책의 내용대로만 따라 하시면 누구든지 자신의 분야에서 사업계획에 필요한 기본적인 시장조사 보고서를 작성할 수 있을 것입니다.

이 책의 필자들은 빅데이터 기반의 시장조사 솔루션을 구축하고, 창업자들을 대상으로 사업계획서 코칭과 컨설팅을 하고 있으며, 화장품 업계에서 오랜 기간 신제품 개발과 시장조사 업무를 해오고 있습니다. 각자 업무에서 실제로 활용하고 있는 도구와 방법을 골라서 소개했으니, 이 책을 보는 독자들이 현업에서 시장조사 보고서를 작성할 때 조금이나마 도움이 되었으면 좋겠습니다.

대표 저자 손정일

우리에겐 시장조사가 필요하다

검색만 잘해도
시장조사의 반은 성공이다

2장

빅데이터로
시장 현황을
파악하라

3장

잠재고객의 목소리에 귀 기울여라 4장

잘 만든 보고서 하나가 회사를 살린다 5장

- 시장조사는 왜 필요한가?
- 시장조사는 어떻게 해야 하는가?
- 시장조사 데이터를 어떻게 활용하는가?

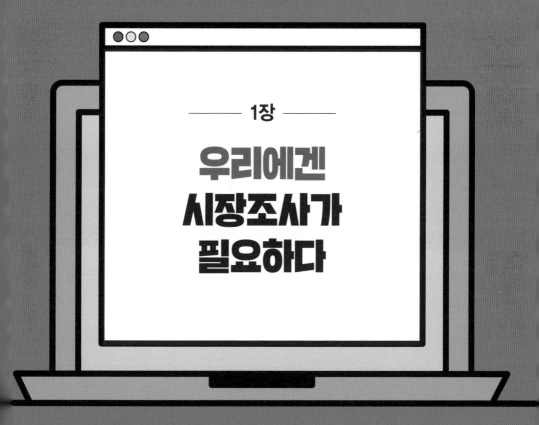

1장

우리에겐
시장조사가
필요하다

시장조사는 왜 필요한가?

시장조사(market research)는 어떤 아이템(제품이나 서비스)을 출시하기 전과 후로 나눠서 설명할 수 있습니다. 새로운 아이템을 개발하기 이전에는 사람들이 요구하고 필요로 하는 것을 찾기 위해 시장의 크기나 특성, 잠재력을 조사하는 것을 의미합니다. 그리고 아이템 출시 이후에는 상품 및 고객, 마케팅에 관한 자료를 수집, 기록, 분석해 의사결정에 활용하는 것을 말합니다. 이때 시장조사의 내용에는 상품조사, 판매조사, 소비자조사, 광고조사, 잠재수요조사, 판로조사 등의 분야가 포함됩니다.

마케팅의 아버지라 불리는 필립 코틀러는 "모든 비즈니스 전략은 마케팅에서 출발하고, 또한 모든 마케팅은 시장조사에서 출발한다."라고 말하며 시장조사의 중요성을 강조했습니다. 시장조사는 신제품 개발, 사업 아이템 구상, 마케팅 전략 수립 등 마케팅 활동의 맨 첫 단계이자 가장 중요한 과정입니다.

시장조사를 통해서 기업은 잠재고객을 발굴하고 신제품이나 서비스의 성공 가능성을 유추할 수 있습니다. 성공적인 사업 조건은 결국 기업이 아닌 고객 스스로가 제품이나 서비스를 찾게 만드는 능력입니다. 철저한 시장조사를 통해서 고객의 니즈와 고객이 좋아하는 것을 미리 파악한 후 제품이나 서비스를 출시하면 고객에게 강요하는 푸시 전략(push approach)을 사용하지 않아도 될 것입니다.

비즈니스와 마케팅의 최대 고민은 바로 '어떻게 하면 공급자의 머리 위를 날아다니고 있는 소비자의 행동을 이해하고, 그들의 욕구와 니즈를 파악해 경영 및 마케팅 전략을 수립할 수 있는가'입니다. 시장조사는 이러한 고민의 출발점이면서 동시에 성공을 결정하는 열쇠입니다.

모든 자원이 부족한 예비창업자나 스타트업의 시장조사는 대표자의 직감이나 온라인 자료조사를 통해서 해결하는 경우가 많습니다. 자원이 풍부한 대기업처럼 다양한 조사 방법으로 소비자의 행동을 이해하고 마케팅 전략을 수립하기에는 무척 어려운 현실입니다.

하지만 최근에는 대부분의 제품과 서비스가 온라인으로 유통되고 소비 시장이 형성되어 있어서 온라인 자료조사만 잘 활용해도 시장조사의 상당 부분을 해결할 수 있습니다. 게다가 온라인 시장조사에 필요한 무료 도구와 솔루션도 많이 출시되어 있기 때문에 이를 잘 활용한다면 자원이 부족한 작은 기업들에게 특히 도움이 될 것입니다.

시장조사는
어떻게
해야 하는가?

시장조사에 필요한 자료는 목적에 따라 '1차 자료'와 '2차 자료'로 구분할 수 있습니다. 1차 자료는 조사자가 직접 수집하거나 조사기관에 의뢰해서 수집하는 자료로, 현장조사 또는 온오프라인의 소비자 설문조사 등이 여기에 해당됩니다. 2차 자료는 기업의 내부 자료나 각종 문헌, 미디어, 온라인 정보 검색 등으로 얻을 수 있는 자료를 가리킵니다.

예비창업자나 스타트업의 입장에서 진행해야 할 시장조사 항목을 분류해보면 크게 환경 분석, 고객 분석, 경쟁사 분석, 유통 채널 분석이 있습니다. 각 항목에 맞는 온라인 시장조사 방법들을 간단하게 살펴보겠습니다.

✅ 환경 분석

환경 분석은 우리가 속한 산업 내에서 기업의 경쟁력에 영향을 미칠 수 있는 거시적인 환경 요인과 사업을 둘러싼 시장의 이슈가 무엇인지 파악하기 위한 방법론입니다. PESTLE 분석과 STEEP 분석이 대표적입니다.

PESTLE 분석은 정치적(Political), 경제적(Economic), 사회적(Social), 기술적(Technological), 법적(Legal), 환경적(Environmental) 요소들에 대한 이해와 분석을 통해 시장의 성장과 축소, 사업 포지셔닝, 사업 방향 등을 파악하고 기회요인을 확대하거나 위협요인을 제거하는 데 효과적인 방법입니다.

어떤 스타트업이 아파트 시세를 인공지능(AI) 챗봇으로 제공하는 서비스를 출시하기 위해 시장조사를 진행한다고 가정해봅시다. 이때 PESTLE 분석을 하기 위해서는 부동산정책이나 아파트 시세, 인공지능에 관한 온라인 자료를 검색하고 뉴스, 블로그, 전문 사이트, 기관 자료 등을 활용해서 의미 있는 정보를 찾아낼 수 있습니다. 그리고 국가 통계포털 사이트나 KMAPS, 딥서치와 같은 비즈니스 환경 분석을 위한 전문 도구를 활용할 수도 있습니다.

✅ 고객 분석

고객 분석은 제품과 서비스를 출시하기 전과 후에 우리의 목표 고객은 누구이고 어떤 특성을 가지고 있는지를 조사하고 그 고객의 요구사항과 이용행태를 파악하는 것입니다. 고객 분석을 통해서 타기팅을 보다 세분화해 경영의 방향이나 마케팅 전략을 명확하게 수립할 수 있습니다.

제품을 출시하기 전에는 우리의 제품을 좋아할 고객은 누구인지, 그들이 어느 정도의 돈을 지불할 매력이 있는지, 제품에 대한 필요성이 있는지 등을 파악해야 합니다. 제품을 출시한 이후에는 제품의 실제 구매자와 사용자는 누구이며 어떤 용도로 사용하는지, 구매 과정이나 채널은 어디인지를 확인하고 제품에 대한 만족도와 선호도, 불편사항, 추천 의향 등을 살펴보아야 합니다.

예를 들어 '친환경 세제'라는 아이템에 대해 고객 분석을 진행할 경우에는 예상되는 타깃층인 주부들을 대상으로 온라인 설문조사를 실시하거나 주부들이 많이 활동하는 커뮤니티 또는 SNS에서 사용 후기를 직접 살펴보고 분석할 수 있습니다. 물론 데이터랩, 구글 트렌드, 썸트렌드와 같은 소비자 분석 도구를 활용한다면 다양한 소비자들의 성향과 잠재고객들의 요구사항을 파악하는 데 도움이 될 것입니다.

☑ 경쟁사 분석

경쟁사 분석은 고객의 입장에서 우리와 비슷한 제품 서비스를 공급하는 회사는 어디인지를 찾아서 그 제품의 품질에 대한 장단점을 파악하거나 경영 마케팅에 대한 벤치마킹을 하는 것입니다. 경쟁사 분석은 우리 제품의 개선점이나 차별화 요소를 찾아내고 경쟁우위 요인과 성장 잠재력을 판단하는 데 도움이 됩니다.

경쟁사의 일반적인 기업 현황부터 매출 실적, 비즈니스 동향, 시장대응 전략, 주요 상품군의 유통 마케팅 현황 등을 주기적으로 확인하고 경쟁사의 상품 서비스에 대한 품질과 가격, 브랜드 인지도, 고객 반응 등을 세밀하게 살펴봐야 합니다.

기업 현황은 회사 홈페이지를 통해 대부분의 정보를 파악할 수 있고 언론 보도 자료, 공시 자료, 중소기업 현황 정보 시스템, 공공구매 등의 사이트나 온라인 검색을 통해서도 확인할 수 있습니다. 경쟁사 상품 서비스에 대해서는 관련 커뮤니티와 SNS 후기로 고객 반응을 분석하거나 여러 쇼핑 플랫폼에서 제품군, 카테고리, 가격, 순위, 인기도, 검색량 등을 확인할 수 있습니다.

✅ 유통 채널 분석

유통 채널 분석은 제품 서비스를 최종 소비자에게 전달하기까지의 경로를 파악하고 가장 최적의 방법을 찾아서 효과적인 공급 전략을 마련하는 것입니다. 공급 대상에 따라서 B2G, B2B, B2C 등으로 나눌 수 있으며 온오프라인의 도소매 시장으로 분류할 수도 있습니다.

온오프라인 유통 채널의 공급 방식은 싱글 채널, 멀티 채널, 크로스 채널, 옴니 채널, O2O 채널 등의 다양하고 복합적인 방식으로 진화해 가고 있습니다. 특히 ICT 기술과 모바일 소비 환경의 급격한 성장으로 온라인 유통 채널이 오프라인 유통 채널의 규모를 훨씬 넘어서고 있습니다.

온라인 유통 채널은 크게 종합몰, 오픈마켓, 소셜커머스, 폐쇄몰, SNS마켓, 크라우드펀딩 등으로 구분할 수 있습니다. 각 채널의 운영 방식과 특성을 파악하고 우리 제품을 유통하기에 적합한 곳은 어디인지, 유사 제품들은 어떤 경로를 통해 유통되고 있는지, 해당 채널의 소비자 반응은 어떠한지를 살펴보아야 합니다.

시장조사 데이터를 **어떻게** 활용하는가?

시장조사의 목적은 시장을 구성하는 수요, 공급, 유통의 각 요인들에 대한 다양한 자료를 체계적으로 획득하고, 이를 분석해서 얻은 데이터를 기반으로 비즈니스의 방향이나 마케팅의 의사결정을 내리기 위함입니다. 회사의 규모나 환경에 따라서 무척 다양하겠지만 시장조사를 해야 하는 경우와 시장조사를 통해 얻은 데이터를 활용하는 방법 몇 가지를 살펴보겠습니다.

우선 초기창업자나 예비창업자의 입장에서는 시장조사를 통해서 자신의 사업 아이템을 선정하거나 본인이 생각하고 있는 아이디어를 보다 구체화하고 실제 사업화에 대한 타당성을 검토해볼 수 있습니다. 국내외에서 관련된 기술이나 비슷한 아이템은 없는지를 조사하고, 다른 곳과 차별화할 수 있는 점이나 우리 아이템만의 경쟁력은 무엇인지를 점검해봐야 합니다. 만약 뚜렷한 차이를 발견할 수 없다면 아이템을 다시 선정하거나 사업의 타당성을 재검토해서 실제 사업화했을 때 생길 수 있는 위험을 사전에 방지하는 것이 좋습니다.

회사의 담당자일 경우 시장조사를 통해서 신제품 개발이나 마케팅 활동에 필요한 데이터를 수집하고 활용할 수 있습니다. 신제품 개발을 진행한다면 기존에 출시된 제품들의 장단점을 파악하고 소비자들의 반응조사를 통해서 대략적인 시장을 추측하고 검증해봐야 합니다. 잠재고객층의 수요를 면밀하게 살펴보고 세분화된 타기팅 대상을 찾아낸 다음 적합한 마케팅 활동을 진행하는 것이 효율적입니다.

기업의 CEO는 경쟁사를 조사하고 시장 포지션을 파악해서 신규 사업 진출에 대해 고민해볼 수 있습니다. 현재 자신의 기업이 가지고 있는 핵심 역량을 기반으로 새롭게 진입할 시장의 성장성이나 경쟁 환경, 기술성, 경제성을 고려해서 사업의 타당성 분석을 면밀하게 실행해야 합니다.

마지막으로 정부 사업에 지원하기 위한 사업계획서 작성이나 IR (Investor Relations)을 위한 투자계획서에도 시장조사는 필히 포함되어야 합니다. 사업 아이템의 시장 현황이나 규모를 파악하고 내외부 환경 분석, 고객 분석, 경쟁사 분석, 마케팅과 수익성 분석을 면밀하게 진행해야지만 탄탄한 사업을 계획하거나 투자자에게 매력적인 제안을 할 수 있습니다.

지금까지 시장조사의 개념과 현황에서부터 각 항목에 맞는 온라인 시장조사 방법들을 간단하게 정리해보았습니다. 앞서 말씀드렸듯 이 책에서는 시장조사와 분석에 대한 깊이 있는 내용을 다루지 않습니다. 온라인 시장조사를 보다 효과적으로 진행할 수 있는 여러 방법들과 도구 활용법을 소개함으로써 개인이나 작은 기업도 손쉽게 시장조사 보고서를 작성할 수 있도록 가이드하는 것이 목적입니다. 마지막 장에는 책의 내용을 기반으로 작성한 시장조사 보고서 샘플도 함께 첨부해두었으니 참고해서 본인에게 꼭 맞는 시장조사 보고서를 작성해보기 바랍니다.

●○○

박준영

'쿠팡' 시장조사 담당자

간단한 자기소개를 부탁드립니다.

안녕하세요. 저는 로레알, 샤넬 등 화장품회사에서 디지털 마케팅을 경험했으며, 현재는 쿠팡의 데이터 분석팀에서 시장조사 담당자로 일하고 있습니다.

시장조사는 어떻게 시작하게 되었나요?

저는 그동안 마케터로서 고객에게 제품을 제공하고 고객의 마음을 사로잡는 일을 해왔는데요. 보다 적중률이 높고 파급력 있는 마케팅 전략을 수립하기 위해 고객의 마음을 이해하는 것이 굉장히 중요했어요.

고객의 니즈를 알아내고 시장을 조사하는 일은 제가 매일같이 해야 하는 일이었고, 마케팅 전략의 기반이자 기준점이자 성공 포인트였죠.

시장조사를 하며 어려운 점도 있었나요?

어떤 제품을 만들지, 제품의 어떤 포인트를 강조할지, 어떤 메시지를 전달할지 등 고객과 시장에 대해 고민하는 과정에서 참고할 만한 체계적인 자료가 제한적이라는 것이 답답했어요. 자료는 주로 소규모 그룹 인터뷰 또는 설문 업체가 제공하는 데이터를 참고했는데, 데이터를 이용하는 비용이 부담스러울 뿐 아니라, 궁금한 것들을 그때그때 확인할 수 없어 아쉬웠죠. 그래서 무작정 인터넷을 뒤지고 주변에 물어가며 고객들의 니즈를 파악하고 부족한 점을 보완했던 것 같아요.

지금은 예전과 시장조사 방법이 달라졌나요?

예전에는 고객의 생각과 마음을 알기 위해선 직접 만나서 물어봐야 했다면, 지금은 고객들 스스로가 먼저 나서 온라인에 표현하는 세상이 된 것 같아요. 그래서 직접적으로 묻지 않아도 고객들이 남겨놓은 온라인상의 흔적을 찾으면 되는 거죠. 오히려 직접 물었을 때 민망하거나 곤란해서 대답하지 않는 내용도 온라인상에서는 더 솔직하고 편안하게 의견을 표한다고 생각해요.

지금은 다양한 디지털 플랫폼에서 데이터를 정리해 무료로 제공하고 있어 시장조사가 훨씬 쉬워졌어요. 직접 조사했을 때보다 '훨씬 많은' 고객들의 데이터를 '훨씬 정확하게' 분류해서 살펴볼 수 있게 되었고요. 게다가 항상 실시간으로 업데이트된 자료를 제공받을 수 있기 때문에 때문에 '훨씬 빠른' 고객 대응이 가능해졌다는 것도 크게 달라진 부분입니다.

온라인 시장조사에 대한 어떤 기대가 있나요?

온라인 시장조사를 통해 고객 및 시장의 니즈를 더욱 명확하게 파악함으로써 마케팅 적중률을 높일 수 있을 거라 생각합니다. 그래서 더욱 안정적인 고객 반응을 수집하고, 이를 통해 더욱 효율적인 상품을 출시할 수 있게 되기를 기대하고 있습니다.

한편 적중률이 상향 평준화되고 있으므로 디지털 데이터를 활용하는 기업과 활용하지 않는 기업의 격차가 매우 커질 것이고, 기업에게 있어 온라인 시장조사는 필수적인 문제, 아니 생존의 문제가 될 수 있겠습니다.

- 온라인 검색 사이트 : 네이버 검색, 구글 검색, 온라인 백과사전
- 분야별 경쟁사 순위 사이트 : 랭키닷컴, 줌, 다음
- 자료조사 및 보고서 사이트 : 국가통계포털, 해외시장뉴스, RISS 논문 검색
- 산업 현황 및 시장 분석 사이트 : KMAPS, 딥서치
- 관심 키워드와 이슈 알리미 : 네이버 킵, 구글 알리미, 딸람

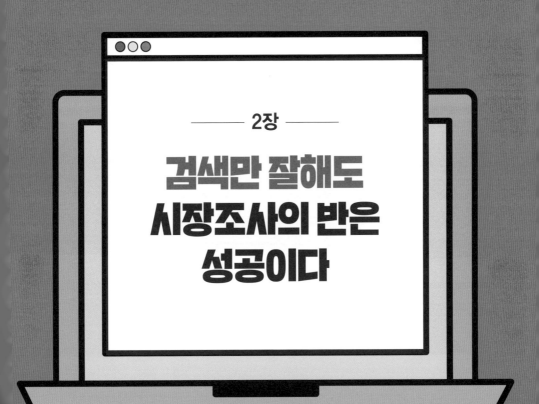

2장

검색만 잘해도 시장조사의 반은 성공이다

온라인 검색 사이트

시장조사에서 가장 먼저, 가장 많이 사용하는 방법은 단연 온라인 검색입니다. 검색만 잘해도 우리가 만들 제품이나 서비스의 시장 현황, 고객의 수요까지 어느 정도 확인해볼 수 있습니다.

국내에서 가장 많이 사용되는 검색 사이트인 네이버와 구글을 중심으로 온라인 검색을 통한 시장조사 방법을 살펴보도록 하겠습니다.

네이버 검색

네이버 검색창에 최근 떠오르는 아이템 중 하나인 '밀키트'를 검색해보겠습니다.

▲ 검색창에 '밀키트' 검색

　검색창에 '밀키트'라고 입력하면 해당 키워드와 연관된 자동완성 키워드가 나옵니다. 이를 통해 밀키트와 관련된 사람들의 관심사나 대략적인 시장 현황을 파악할 수 있습니다. 밀키트의 뜻부터 추천하는 제품이나 브랜드, 관련주 등을 자동완성 키워드에서 확인해볼 수 있습니다.

▲ 연관검색어

　네이버 검색 결과의 연관검색어를 통해서도 자동완성과 비슷한 관심사의 키워드를 확인할 수 있습니다.

▲ 네이버 검색의 다양한 채널(탭)

네이버 검색 결과에는 통합 채널(탭)부터 쇼핑, 뉴스, 책 등 10여 개 이상의 채널이 있습니다. 각 채널에서 키워드와 관련된 다양한 콘텐츠를 확인할 수 있습니다.

✅ 이미지 채널

밀키트 검색 결과에서 [이미지] 탭을 눌러보겠습니다.

▲ 이미지 탭

밀키트와 관련된 다양한 검색 결과가 나오며 그중에서 기간, 이미지 크기, 색상, 출처 등의 옵션을 선택해 원하는 조건에 맞는 이미지를 찾아볼 수도 있습니다.

▲ '홈파티' 관련 밀키트 이미지

만약 홈파티와 관련된 밀키트 제품을 보고 싶다면 사진 바로 위에 나열된 키워드 중에서 '홈파티'라는 단어를 클릭하면 됩니다. 여러 검색 결과 중에서 실제 홈파티에서 사용된 밀키트 이미지들을 확인해볼 수 있습니다.

▲ 검색 옵션 선택

검색 옵션 중에서 [출처>쇼핑]을 선택하면 현재 쇼핑몰에 올라가 있는 밀키트 상품의 이미지를 볼 수 있습니다. 마찬가지로 블로그, 카페, 포토뉴스, 포스트, 웹 등의 출처를 선택해 그에 해당하는 이미지를 찾아볼 수도 있습니다.

✅ 동영상 채널

이번에는 [동영상] 채널로 넘어가보겠습니다. 동영상 채널에서는 키워드와 관련한 여러 동영상 콘텐츠를 확인해볼 수 있습니다. 밀키트로 검색했을 때 가장 먼저 나오는 동영상을 살펴보면, 채식이 유행하면서 밀키트에서도 고기 대신 콩을 사용하기 시작했다는 내용의 시장 현황을 짐작할 수 있습니다.

▲ 동영상 검색 옵션

동영상 검색 옵션에는 정렬, 보기방식, 재생, 기간, 재생시간, 출처
등이 있습니다. 이 중에서 [출처] 옵션을 한번 선택해보겠습니다.

출처	• 전체 • 네이버 뉴스 ⌃	
네이버 채널	전체(32,921)	
외부 채널	네이버 블로그(23,526)	
	네이버 카페(5,229)	
	스마트스토어(2,061)	

▲ 동영상 검색의 '출처' 옵션

네이버 전체에서 밀키트 관련 동영상은 총 3만 2,921개가 있고, 네이버 서비스 내의 각 채널별 동영상은 물론 유튜브나 지상파 방송 등의 외부 채널 동영상도 찾아볼 수 있습니다.

☑️ 뉴스 채널

이번에는 시장조사에서 가장 많이 참고하는 채널 중 하나인 [뉴스]를 선택해보겠습니다. 각 사업 분야의 객관적이고 신속한 비즈니스 현황이나 아이템을 파악할 때 참고하기 좋은 채널입니다. [뉴스] 채널도 마찬가지로 정렬, 기간, 영역, 유형, 언론사, 기자명 등의 검색 옵션을 활용할 수 있고 관련도순, 최신순, 오래된순 등에 따라 뉴스를 살펴볼 수도 있습니다.

[뉴스] 채널에서 '밀키트 시장 규모'라는 키워드를 검색해보겠습니다. 필요하다면 각 검색 옵션들을 활용해서 본인이 원하는 뉴스를 더욱 빠르고 정확하게 찾아보기 바랍니다.

▲ 뉴스 검색 결과

검색된 뉴스를 통해 코로나19의 확산에 따라 외식 활동을 줄이고
집에서 요리를 즐기는 사람들이 늘어나면서 밀키트 시장이 가파르게
성장하고 있다는 사실을 알 수 있습니다. 해당 내용을 더 자세히 알고
싶다면 뉴스의 내용을 하나씩 확인하면서 시장 현황을 보다 구체적으
로 파악할 수 있습니다.

이렇게 조사한 내용들을 사업계획서나 시장조사 보고서에 넣을 경
우 단순한 수치보다는 도표나 인포그래픽(infographics) 등으로 표현
해서 넣어주면 훨씬 보기가 좋습니다. 이러한 시각 자료는 직접 만드
는 것도 하나의 방법이겠지만 이 역시 검색을 통해서 찾아 사용할 수
있습니다.

방금 검색했던 '밀키트 시장 규모' 키워드를 그대로 두고 [이미지]
채널을 선택해보겠습니다.

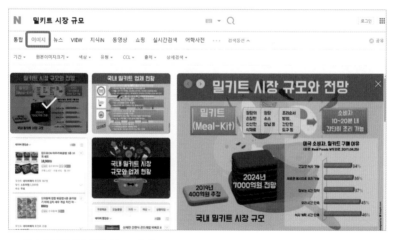

▲ 이미지 검색에서 찾은 인포그래픽

이미지 검색 결과에서 밀키트 시장의 규모와 전망, 국내 밀키트 업체 현황 등의 인포그래픽을 쉽게 찾을 수 있습니다. 이런 자료들을 활용해 보고서를 작성할 땐 반드시 출처를 밝혀야 합니다.

✅ 상세 검색 기능

마지막으로 네이버의 검색 옵션 중 '상세 검색' 기능을 한번 살펴보겠습니다. 상세 검색 기능을 활용해 결과 범위를 줄이면 보다 정확하고 원하는 조건에 맞는 검색 결과를 찾을 수 있습니다.

지원되는 상세 검색 연산자는 " ", +, −, | 총 4가지입니다.

1. 정확히 일치하는 단어/문장: " "

정확히 일치하게 찾고 싶은 단어 또는 문장을 큰따옴표(" ")로 묶어 검색합니다(예: 밀키트 "시장 규모").

2. 반드시 포함하는 단어: +

반드시 포함하고 싶은 단어 바로 앞에 + 기호를 입력합니다(예: 밀키트 +집콕).

3. 제외하는 단어: −

제외하고 싶은 단어 바로 앞에 − 기호를 입력합니다(예: 밀키트 −가정간편식).

4. 입력한 단어가 하나 이상 포함된 문서 검색: |

여러 개의 단어를 입력해, 해당 단어가 하나 이상 포함된 문서를 찾을 때 사용합니다. 포함할 단어 앞에 │ 기호를 입력합니다(예: 밀키트 | 캠핑 | 집콕).

1~3번 연산자는 기호 앞은 띄어 써야 하고, 기호와 단어 사이에는 공백이 없어야 합니다. 4번 연산자는 기호와 단어 앞뒤로 공백이 있어야 합니다. 참고로 연산자는 여러 개를 조합해 사용할 수 있습니다.

▲ 상세 검색 기능 중 연산자 활용

기본 검색을 밀키트로 두고 상세 검색 연산자를 "시장 규모"+집콕 -가정간편식으로 검색해보겠습니다. 그러면 밀키트에 대한 검색 결과 중 '시장 규모'라는 단어가 정확하게 일치하고 '집콕'을 포함하고 '가정 간편식'을 제외한 상세 검색 결과를 보여줍니다.

지금까지 네이버 검색 채널 중 이미지, 동영상, 뉴스, 상세 검색 옵션 등을 활용해서 시장조사 하는 방법들을 살펴보았습니다. 네이버는 국내에서 가장 많은 콘텐츠 자료를 확보하고 있는 포털이자 검색 사이트입니다. 따라서 온라인 시장조사 시 빼놓을 수 없는 곳이므로 이를 잘 활용해 보고서 작성에 도움이 되기를 바랍니다.

구글 검색

국내에서는 검색 엔진으로 네이버를 가장 많이 이용하고 있지만, 좀 더 전문적인 정보를 찾을 때는 구글이 훨씬 용이합니다. 특히 온라인 시장조사를 처음 시작할 땐 구글 검색으로 시작하는 사람들이 많습니다. 그만큼 원하는 정보를 정확하게 찾을 수 있도록 다양한 검색 기능을 제공하기 때문입니다.

지금부터 구글 검색으로 필요한 정보를 수집하고, 다양한 기능을 이용해 시장조사를 하는 방법을 소개하겠습니다.

▲ 네이버 '반려동물' 검색어 자동완성   ▲ 구글 '반려동물' 검색어 자동완성

　　네이버에서 '반려동물'을 검색하면 '보유세, 관리사, 등록' 등의 자동
완성 검색어가 나타나고, 구글에서는 '통계, 시장, 시장 규모' 등의 관련
검색어를 볼 수 있습니다. 이는 네이버와 구글 사용자의 평소 검색 목
적이 다르기 때문입니다. 물론 관련 검색어는 개인화되어 있으므로 같
은 검색어를 입력해도 사람에 따라 조금씩 다르게 나타날 수도 있습니
다. 대체로 네이버는 생활 정보나 쇼핑과 관련된 검색어가 많고, 구글
은 전문적인 정보나 비즈니스와 관련된 검색어가 많이 보입니다.

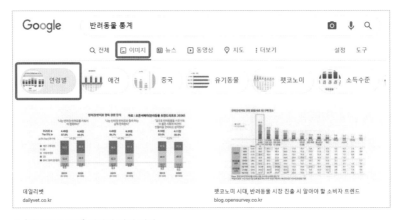

▲ '반려동물 통계' 이미지 검색 결과

구글 검색창에 '반려동물 통계'를 입력하고 [이미지] 채널을 선택하면 반려동물과 관련된 다양한 통계 이미지를 찾아볼 수 있습니다. 검색창과 이미지 사이에 연령별, 인구, 지역별, 가구 수 등 보편적으로 많이 찾은 검색어 그룹을 같이 보여줍니다. 예를 들어 [연령별] 그룹을 선택하면 실제 검색창에서 '반려동물 연령별 통계'라고 검색하는 것과 같은 결과를 얻게 됩니다.

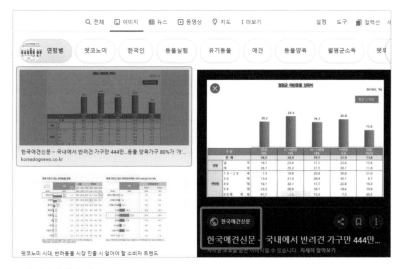

▲ 이미지 출처 확인

검색된 이미지를 클릭하면 오른쪽에 큰 이미지와 함께 출처를 확인할 수 있습니다. 구글은 검색어와 관련된 사진을 특정 웹사이트에서 가지고 와서 보여주기 때문에 검색된 이미지 외에 더 많은 정보를 보고 싶다면 해당 출처로 가서 필요한 정보를 찾아볼 수도 있습니다.

▲ '반려동물 통계' 검색어 자동완성

'반려동물 통계'와 관련해서 더 다양한 자료를 찾아보고 싶을 땐 다른 사람들이 많이 검색해본 자동완성 검색어를 이용해보기 바랍니다.

▲ '연령별' 키워드 삭제

이때 이미지 검색 결과에 있는 그룹명 중 하나인 '연령별'이라는 단어를 검색창에 적었다 지워보겠습니다.

▲ 인공지능의 다양한 키워드 추천

  그리고 다시 자동완성 검색어를 살펴보면 앞서 본 관련 검색어들과는 다르게 '반려동물'과 '통계'라는 단어 사이에 다양한 키워드를 넣은 결과를 보여줍니다. 이런 방식으로 다른 사람들이나 구글 인공지능의 검색 패턴을 잘 활용한다면 보다 다양한 측면에서 시장조사를 진행할 수 있습니다. '반려동물 통계' 대신 반려동물 현황, 동향, 트렌드, 시장, 규모, 성장 등의 다양한 키워드를 입력해가며 시장조사를 하면 어렵지 않게 원하는 정보를 찾아낼 수 있을 것입니다.

✅ 이미지 검색

만약 본인이 생각하고 있는 제품과 유사한 제품을 미리 찾아보고 싶거나, 제품의 디자인이나 기획에 도움이 되는 벤치마킹이 필요할 때는 구글 이미지 검색 기능을 이용하면 좋습니다.

▲ 이미지 검색

'애견가방'을 검색하고 이미지 채널로 가면 검색창 오른쪽에 카메라 모양의 아이콘이 생깁니다. 카메라 아이콘을 선택하면 다음과 같은 창이 생깁니다.

▲ 이미지 업로드 창

[이미지 URL 붙여넣기] 옆에 있는 [이미지 업로드 중]이라는 메뉴를 선택하고 애견가방 이미지를 업로드합니다. 아직 제품을 만들지 않아 이미지가 없다면 다른 회사의 제품 중 본인이 생각하고 있는 것과 비슷한 느낌의 이미지를 하나 선택해주면 됩니다.

▲ 관련 높은 검색어

제품 이미지를 검색하면 이미지 사이즈별 보기나 관련 높은 검색어 등을 확인할 수 있습니다. 검색한 이미지와 유사한 이미지도 보여주며, 해당 이미지가 포함된 웹페이지를 찾아볼 수도 있습니다.

일치하는 이미지를 포함하는 페이지

http://m.freshbom.co.kr › goods › goods_view ▾

페로가토 컬러 이동가방 대형-페로가토 스토어봄

 200 × 200 — 페로가토 컬러 이동가방 대형, 페로가토, 강아지이동가방, 애견이동가방,애견이동장,반려동물이동가방,반려동물이동장,슬링백,강아지슬링백,애견슬링 ...

http://m.freshbom.co.kr › goods › goods_view ▾

러브디비스트 왁싱 캔버스 이동가방 - 스토어봄 우리 애기가 ...

 200 × 200 — 러브디비스트 왁싱 캔버스 이동가방, 러브디비스트, 이동가방,강아지가방,펫이동가방,토트백,반려동물이동가방,강아지슬링백,고양이이동장,강아지이동기방,애견 ...

https://m.store.bom.co.kr › goods › goods_view ▾

패리스독 미키돔 캐리어 L-패리스독 스토어봄

 200 × 200 — 패리스독 미키돔 캐리어 L, 패리스독, 강아지이동장,애견이동장,강아지이동가방,강아지가방,강아지캐리어,고양이이동장,패리스독이동장,2434283,주식회사위드 ...

▲ 해당 이미지가 포함된 웹페이지

구글의 이미지 검색 기능을 잘 활용한다면 제품 제작 전 디자인 기획이나 벤치마킹에 도움이 될 수 있습니다. 이미 제품을 출시해서 온라인 유통을 하고 있는 회사의 입장에서는 카피 상품을 찾아내거나 유사한 상품을 판매 중인 쇼핑몰을 알아보는 데도 유용하게 활용할 수 있습니다.

✅ 학술 검색

본인의 사업 아이템이 기술적인 아이템이거나 연구 결과 등의 자료가 필요하다면 구글 학술 검색(scholar.google.co.kr)을 이용하면 좋습니다. 구글 학술 검색창에 '애견산업'이라는 키워드를 검색합니다.

▲ 구글 학술 검색창에서 '애견산업' 검색

애견산업과 관련된 논문들이 검색 결과에 나타납니다. 검색창 우측에 있는 여러 검색 옵션을 이용해서 필요한 논문 자료를 더 쉽고 빠르게 찾을 수 있습니다. 논문에 나오는 내용들은 오랜 기간 동안 조사하거나 연구해서 심사를 통과한 검증된 자료이기 때문에 사업계획이나 시장조사 보고서에 적절하게 활용한다면 많은 도움이 될 것입니다.

▲ 논문 검색 결과

✅ 고급 검색

구글의 다양한 검색 옵션 중에서 시장조사에 도움이 될 만한 몇 가지
기능들을 한번 살펴보도록 하겠습니다. 먼저 구글 검색 설정에서 [고
급검색]을 선택합니다.

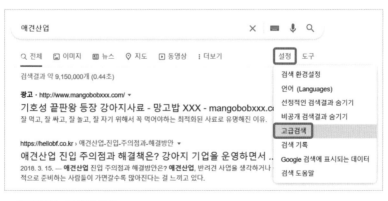

▲ 설정에서 '고급검색' 선택

특정 검색어에 대해 정확한 문구 포함, 단어 포함, 단어 제외, 숫자 범위 등의 옵션을 설정해서 검색할 수 있습니다.

▲ 특정 검색어에 대한 옵션 설정

언어, 지역, 업데이트 주기, 검색어 표시 위치, 파일 형식 등으로 검색 결과를 좁혀서 필요한 자료만 검색할 수도 있습니다. 특정 분야의 보고서 파일을 찾고 싶을 땐 [파일 형식] 옵션을 이용하면 PDF, PPT, DOC, XLS 등의 다양한 형식의 자료를 빠르게 찾을 수 있습니다.

▲ 검색 결과 좁히기

'filetype:pdf 애견산업'으로 검색하면 '애견산업' 키워드와 관련된 자료 중에서 PDF 파일만 검색해서 보여줍니다. 마찬가지로 PPT나 XLS 등의 파일들을 따로 찾을 수도 있습니다.

▲ 특정 형식의 파일 검색

온라인 백과사전

본인이 조사하고 있는 사업 분야나 아이템에 대한 객관적인 정의나 개요를 알고 싶다면 온라인 백과사전을 참고하면 좋습니다. 온라인 백과사전은 포털이나 특정 기업에서 운영하는 서비스도 있고, 사용자들이 스스로 함께 만들어가는 위키백과도 있습니다.

예시로 '인공지능'과 관련된 사업이나 아이템에 대해서 조사해보겠습니다. 먼저 네이버에서 '인공지능 개념'을 검색하고 [지식백과] 채널을 선택해보겠습니다. 인공지능 개념과 관련한 수십 개의 지식백과 채널이 나타납니다. 그중 [용어로 보는 IT]를 선택해보겠습니다.

▲ '인공지능 개념'과 관련한 지식백과 채널

　　해당 백과의 내용을 보면 인공지능의 기본 개념부터 약한 AI와 강한 AI, 인공지능과 머신러닝, 인공지능과 일자리 등 상당한 분량의 정보가 일목요연하게 정리되어 있습니다. 백과 내용의 맨 아래 부분에는 출처가 나옵니다. 누군가의 노력으로 작성된 글을 무단으로 이용하면 안 되겠지만, 객관적인 사실이나 필요한 부분들은 출처를 밝히고 적절하게 활용한다면 시장조사 보고서를 작성하는 데 도움이 될 것입니다. 자료를 사용할 때는 게시물의 발행일을 확인하고, 너무 오래된 자료의 정보를 활용할 때는 최근 정보와 비교해보는 게 좋습니다.

▲ 인공지능 관련 정보

　　포털이나 전문 사이트의 백과사전 외에 사용자들이 직접 등록하고 공동 편집을 통해 만들어가는 위키백과도 한번 살펴보겠습니다. 국내에서는 '나무위키'와 '위키피디아'를 가장 많이 사용하고 있습니다.

> namu.wiki › 인공지능
>
> **인공지능** - 나무위키
>
> 개요 [편집] **인공지능**(人工知能) 또는 A.I.(Artificial Intelligence)는 인간이 지닌 지적 능력의 일부 또는 전체, 혹은 그렇게 생각되는 능력을 인공적으로 구현한 것을 말한다... 이 때문에 1990년도 이후부터 **인공지능**의 목표는 인간지능의 구현이라는 막연히 넓은 목표에서 문제해결과 비즈니스 중심으로 더 신중하고 좁은 분야가 되었으...

▲ 나무위키 사이트

네이버에서 키워드를 검색하고 나무위키를 찾아 들어가거나, 또는 나무위키 사이트(www.namu.wiki)에서 원하는 키워드를 검색할 수도 있습니다.

분류: 인공지능

🔒 로그인 후 편집 가능한 문서입니다.

이 문서는 [상단]토론을 통해 최상단 인용문을 삭제하기(으)로 합의되었습니다. 합의된 부분을 토론 없이 수정할 시 제재될 수 있습니다.

목차

1. 개요
2. 유사 용어
3. 상세
4. 인공지능과 로봇
5. 강인공지능과 약인공지능
   5.1. 약인공지능
   5.2. 강인공지능
6. 접근법
7. 연구 현황
8. 인공지능에 대한 사회적 논란과 문제들
9. 인공지능의 생명과 감정감별의 문제?
10. 인공지능 구현에 쓰이는 기술
11. 약인공지능
12. 창작물에 등장하는 인공지능
13. 기타
14. 관련 문서
   14.1. 관련 언어
15. 둘러보기

▲ 나무위키 페이지

나무위키 페이지에 인공지능의 개요부터 연구 현황과 관련 기술까지 마치 소책자처럼 내용이 잘 정리되어 있는 것을 볼 수 있습니다. 글 중간에 파란색으로 표시된 단어들은 링크가 연결되어 있어서 관련 내용이 궁금할 경우 바로 클릭해 확인해볼 수 있습니다.

이번에는 구글 검색창에 '인공지능 개념'을 검색해보겠습니다.

▲ 구글에 '인공지능 개념' 검색

인공지능 개념에 대한 사진과 설명이 나오는 위키백과(위키피디아)를 볼 수 있습니다. 위키피디아 사이트(ko.wikipedia.org)에 들어가보겠습니다.

▲ 위키피디아 페이지

앞서 본 나무위키와 마찬가지로 인공지능의 개요부터 대부분의 관련 정보를 요약해서 제공하고 있습니다. 위키피디아는 전 세계 사용자들이 자유롭게 등록하고 편집하는 열린 백과사전이기 때문에 현지인들이 등록한 글로벌한 자료를 수집할 때 도움이 됩니다.

다만 위키백과는 전문가가 아닌 일반 사용자들이 만들어가는 사전이다 보니 특정 분야에 한해서는 불필요한 정보가 많거나, 시기가 너무 지난 정보이거나, 오류가 있는 경우도 있으니 잘 확인하고 활용하면 좋습니다. 백과사전이나 위키백과를 통해서 시장조사에 필요한 객관적인 정보를 찾아 보고서에 적절하게 활용한다면 시장조사에 소요되는 시간의 상당 부분을 절약할 수 있습니다.

분야별 경쟁사
순위 사이트

본인이 생각하고 있는 사업 분야나 아이템의 경쟁 업체를 찾아보고 싶을 땐 각 분야의 사이트 순위를 알려주는 서비스를 참고하면 좋습니다. 먼저 랭키닷컴 서비스를 살펴보겠습니다.

랭키닷컴

랭키닷컴 사이트(www.rankey.com)의 순위 정보 결과를 보면 3위까지는 보이지만 4위부터는 유료회원만 볼 수 있습니다. 이럴 경우 '랭키툴바'를 설치하면 전체 업체명과 랭킹순위를 알 수 있습니다.

▲ 랭키툴바에서 검색어 입력

랭키툴바를 설치하면 웹브라우저에 툴바가 보입니다. 분야 순위에서 '결혼정보'를 입력합니다.

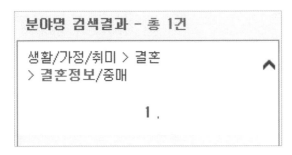

▲ 카테고리 선택

툴바 맨 아래 분야명 검색 결과에서 [결혼정보/중매] 카테고리를 선택합니다.

웹사이트에서는 3위까지만 보였지만 툴바에서는 업체명과 전체 순위를 모두 확인할 수 있습니다. 본인의 아이템과 유사하거나 경쟁이 될 만한 곳이 있다면 하나씩 접속해보고 필요한 사항들을 벤치마킹해보는 것도 좋습니다.

해당 브랜드가 실제 소비자들에게 어느 정도 인지도를 갖추고 있는지, 어떤 반응이 있는지 등을 살펴보려면 포털에 생성된 콘텐츠와 검색량을 확인해보는 것도 좋은 방법입니다.

▲ 랭키툴바 순위

Q **가연** 어떨까요? 제가 내년이면 곧 서른 중반이거든요 그동안 많은 사람을 만나왔지만.. 결혼은 쉽지 않네요 주변에서도 그렇고 저도 그렇고 더 늦기전에 결혼을...

A wodk**** Q 1:1
... 지금은 **결혼**생활을 하고 있지만 저도 작년 이맘 때쯤 **가연**에 등록해서 사람들을 만나고 있었네요. 저 같은 경우에는 친척 언니가 여기 등록해서 안정적이고 좋은 형부를 만나서 **결혼**했다는 소식을 들...
2021.04.19.

Q **가연** 괜찮을까요? ... 제 나이에 괜찮은 사람을 찾으려니 막막하네요. 그래서 결혼정...
2019.10.02.

Q **가연** 가입할 수 있을까요?? ... 우연히 **가연**이라는 결혼정보회사를 알게되어 이렇...
2013.09.23.

▲ 포털에서 브랜드 후기 검색

네이버나 다음 포털에서 해당 브랜드를 검색하고 지식인, 블로그, 카페 등의 채널에서 소비자들이 궁금해하거나 경험한 후기 등의 반응을 살펴볼 수 있습니다.

줌

이번에는 줌(ZUM) 포털에서 순위를 검색하는 법을 알아보겠습니다.

▲ 줌에서 '사이트 순위 서비스' 검색

줌 포털 사이트(www.zum.com)에 접속해서 검색창에 '사이트 순위 서비스'를 입력합니다.

▲ 카테고리 선택

전체 카테고리에서 [결혼정보회사]를 선택합니다.

▲ 카테고리 내 순위

결혼정보회사 관련 분야에서 1~30위까지 업체 순위를 확인할 수 있습니다.

다음

다음(Daum) 포털은 해당 분야의 순위를 알려주는 곳은 아니지만, 관련 업체에 대한 정보를 찾을 때 도움을 받을 수 있습니다. 다음(www.daum.net) 검색창에서 '결혼정보회사'를 입력하고 검색한 후 [사이트] 채널을 선택합니다.

Daum	결혼정보회사	⌨ Q

| 통합검색 | **사이트** | 지도 ☐ | 뉴스 | 블로그 | 카페 | 브런치 | 동영상 | 더보기 ∨ |

▲ 다음 검색창에 '결혼정보회사' 검색

| **사이트전체** | 사이트 | 카페이름 | 블로그이름 | | 사이트등록 | 변경요청 | 삭제요청 |

사이트 전체

<u>듀오</u> 공식
결혼 정보회사.
회원검색, 이상형 찾기, 성혼커플, 러브테스트, 미팅 가이드, 웨딩, 이벤트 제공.
www.duo.co.kr/

<u>가연결혼정보</u> 공식
결혼정보회사.
노블레스, 초혼, 재혼, 만혼, 중매, 맞선, 소개팅, 이상형 상담, 가입비 안내.
www.gayeon.com/

▲ 다양한 사이트 검색

결혼정보회사 관련 분야에서 사이트, 카페, 블로그 채널 등이 검색
됩니다. 해당 업체들을 둘러보고 시장조사에 필요한 사항들을 수집해
보기 바랍니다.

자료조사 및 보고서 사이트

지금까지는 온라인 검색을 활용해서 시장조사에 필요한 자료들을 찾아보았습니다. 이번에는 자료에 사용된 데이터나 원문 내용을 직접 찾아볼 수 있는 몇 가지 방법을 소개하겠습니다.

국가통계포털

시장조사나 보고서 작성에 필요한 통계 자료를 찾을 때 가장 많이 이용하는 곳은 통계청에서 제공하는 국가통계포털(KOSIS) 사이트입니다. 300여 개 기관이 작성하는 경제·사회·환경에 관한 1천여 종의 국내 통계를 수록하고 있으며 IMF, OECD 등 국제 금융·경제에 관한 최신 통계도 제공하고 있습니다. 국가통계포털에서 제공하는 편리한 검색 기능과 다양한 시각화 콘텐츠 등을 어떻게 활용할 수 있는지 함께 살펴보도록 하겠습니다.

먼저 국가통계포털 사이트(www.kosis.kr)에 접속합니다. 통계 자료를 찾는 방법은 크게 2가지인데 검색과 카테고리를 활용하는 것입니다. 먼저 검색을 통해 자료를 찾아보겠습니다.

☑ 검색 서비스

1인가구 관련 시장의 통계를 알고 싶다면 검색창에 '1인가구'를 입력하고 검색 버튼을 누릅니다. 검색창에서 1인가구 키워드와 연관된 키워드도 함께 볼 수 있으니 필요할 경우 활용하면 됩니다.

▲ 국가통계포털에서 '1인가구' 검색

1인 가구

연관검색: 1인 가구 비율

| 통합검색 | 통계표 | 통계분류 | 온라인간행물 | 통계설명자료 | 통계용어 | 콘텐츠/게시물 |

검색어 **"1인 가구"**에 대한 검색결과는 **19,510건**입니다.

전국사업체조사

통계지표(11개)

(전국)1인가구-1인가구(일반가구)-2019년
6,147,516 (가구)

(전국)1인가구-일반가구비율(2016년~)-2019년
30.2 (%)

(전국)1인가구-1인가구(일반가구)-2019년
20,343,188 (가구)

(전국)1인가구비율-2015
27.2 (%)

(전국)1인가구-2015
5,203,440 (가구)

(전국)가구당 월평균 소비지출(근로자가구, 전국,1인이상)-2019년
2,740,086 (원)

▲ '1인가구'에 대한 검색 결과

  1인가구에 대한 검색 결과는 총 1만 9,510건이고 통합 검색, 통계
표, 통계분류 등의 카테고리별로 확인할 수 있습니다. 통계지표에서
1인가구와 관련된 11개의 주요 통계 수치를 확인할 수 있고 이런 데이
터들을 보고서에 활용하면 됩니다. 더 자세하게 보기 위해서 첫 번째 보
이는 '(전국)1인가구(일반가구)-2019년' 통계지표를 선택해보겠습니다.

▲ 관련 통계표

1인가구를 포함한 가구주의 연령 및 세대구성별 가구 통계표를 확인할 수 있습니다. 이 중에서 1인가구만 따로 떼서 통계표를 구성해보겠습니다.

▲ 항목별 통계표 재구성

항목 메뉴에서 '1인가구'를 선택한 후 오른쪽 상단에 있는 [통계표조회] 버튼을 누릅니다.

행정구역별(시군구)	가구주의 성별	가구주의 연령별	2019 1인가구
전국	계	합계	6,147,516
		15세미만	49
		15~19세	59,366
		20~24세	431,750
		25~29세	685,831

▲ 새로 구성한 통계표

새로 구성한 통계표에서는 1인가구에 대한 수치만 별도로 보입니다. 통계표 위쪽에 있는 항목 메뉴들을 활용해서 본인이 원하는 통계표를 작성하고 조회할 수 있습니다. 주석 정보, 링크주소, 행렬전환, 분석, 차트, 부가기능설정, 인쇄 등의 서비스도 함께 이용할 수 있습니다.

[차트] 메뉴를 눌러서 통계표를 그래프로 표현해보겠습니다.

▲ 그래프로 표현한 통계표

이처럼 통계표의 수치들을 막대형, 선형, 파이형 등의 다양한 그래프로 만들어 활용할 수 있습니다. 통계표를 그대로 사용하는 것도 좋지만 이렇게 한눈에 보기 쉬운 그래프를 이용해 보고서를 작성하면 내용 전달이 훨씬 더 용이해질 것입니다.

검색 결과에서 통계표 외에도 다양한 자료를 확인할 수 있습니다. 항목 중 가장 오른쪽에 있는 [콘텐츠/게시물]을 선택하고 첫 번째로 나오는 보도 자료 게시물을 클릭해보겠습니다.

▲ 보도 자료 게시물

통계청이 언론에 제공하기 위해 만든 '2020 통계로 보는 1인가구' 보도 자료와 요약 내용을 확인할 수 있습니다. 보다 자세한 사항을 보기 위해 첨부파일의 [미리보기] 버튼을 눌러보겠습니다.

▲ 보도 자료와 요약 내용

보도 자료에는 1인가구와 관련된 인구, 가구, 주거, 고용, 소득, 건강 등 거의 대부분의 내용이 포함되어 있습니다. 언론에 배포되는 자료이기 때문에 그래프와 표로 쉽게 구성되어 있어서 시장조사 보고서에 활용하기에도 용이합니다.

▲ 통계 보도 자료

✅ 카테고리 활용

지금까지는 검색을 통해서 1인가구 관련 통계 자료를 찾아보았습니다. 이번에는 카테고리 메뉴 선택을 통해서 온라인쇼핑몰 동향 자료를 찾아보도록 하겠습니다.

[국내통계] 메뉴에서 [주제별 통계]를 선택합니다.

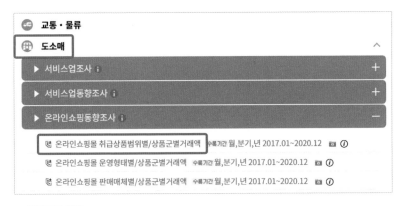

▲ '주제별 통계' 선택

주제별 통계 목록에서 [도소매 > 온라인쇼핑동향조사 > 온라인쇼
핑몰 취급상품범위별/상품군별거래액] 항목을 선택합니다.

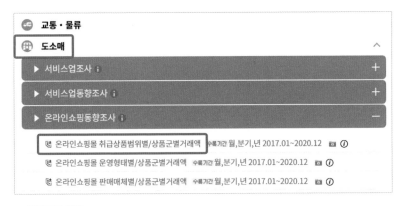

▲ 카테고리 선택

온라인쇼핑몰 관련 통계표에서 상품군별, 범위별, 월별로 전체 상
품 분야의 매출을 확인할 수 있습니다. 특정 상품군의 매출을 확인하
고자 할 때는 [상품군별] 메뉴를 선택하면 됩니다.

상품군별	범위별	2020. 12 p)	2020. 11 p)	2020. 10
합계	계	15,994,604	15,065,463	14,243,512
	종합몰	10,744,975	10,241,972	9,831,872
	전문몰	5,249,629	4,823,491	4,411,640
컴퓨터 및 주변기기	계	814,215	666,210	589,486
	종합몰	494,222	431,008	384,588
	전문몰	319,993	235,202	204,898

▲ '상품군별' 메뉴 선택

상품군별 항목에서 '컴퓨터 및 주변기기'만 선택한 후 오른쪽 상단
의 [통계표조회] 버튼을 눌러봅니다.

▲ '컴퓨터 및 주변기기' 선택

컴퓨터 및 주변기기 상품군과 관련한 온라인쇼핑몰의 월 매출을
확인할 수 있습니다. 본인이 원하는 특정 통계 자료가 있다면 각 메뉴
항목을 활용해보고 분석, 차트, 부가기능 설정 서비스도 적절하게 이
용해보기 바랍니다.

일괄설정 ✦	항목[1/1]	상품군별[1/24]	범위별[3/3]	시

(단위 : 백만원)　　　　　　　　　　🔳 새창보기　🄶🄳주소정보　🗐행렬전

상품군별	범위별	2020. 12 p)	2020. 11 p)
컴퓨터 및 주변기기	계	814,215	666,210
	종합몰	494,222	431,008
	전문몰	319,993	235,202

▲ 상품군별 월 매출

주제별 통계 외에 기관별, 지방지표, 국제통계 등의 유용한 자료들도 이용할 수 있습니다.

▲ 쉽게 보는 통계>대상별 접근

[쉽게 보는 통계] 메뉴에서는 대상별, 이슈별로 구분한 통계 자료와 그 수치를 보기 좋게 시각화한 콘텐츠를 제공하고 있습니다. [대상별 접근] 메뉴를 선택하면 영유아, 아동, 학생, 신혼부부, 노인, 여성 등

대상별로 각종 통계지표를 확인할 수 있습니다.

▲ 쉽게 보는 통계>이슈별 접근

　　[이슈별 접근] 메뉴를 선택하면 일자리, 가족관계, 건강·질병, 경기
전망 등 여러 이슈에 관련된 사항들의 통계지표를 확인할 수 있습니다.

▲ 시각화 콘텐츠 제공

[통계시각화콘텐츠] 메뉴에서는 KOSIS 100대 지표, 통계로 시간여행, 해석남녀, 인구로 보는 대한민국 등의 기획을 시각화 콘텐츠를 통해 쉽고 편하게 확인할 수 있습니다. [인구로 보는 대한민국] 메뉴를 선택해보겠습니다.

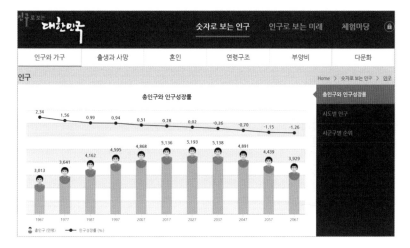

▲ 시각화 콘텐츠 예시

인구와 가구, 출생과 사망, 혼인 등 인구와 관련된 여러 가지 항목들을 시각화 콘텐츠로 만들어 한눈에 볼 수 있도록 제공하고 있습니다.

통계청에서 제공하는 국가통계포털 서비스를 잘 이용해서 원하는 분야의 자료를 찾아 시장조사 보고서에 유용하게 활용해보기 바랍니다.

해외시장뉴스

해외의 산업 현황이나 시장 트렌드에 대한 조사가 필요하다면 코트라 (KOTRA)에서 운영하는 해외시장뉴스 사이트를 참고하면 좋습니다. 각 국가에 있는 무역관이나 특파원이 공신력 있는 자료를 제공할 뿐만 아니라 현지 상황을 분석하고 시사점까지 정리해주는 서비스입니다.

우선 해외시장뉴스 사이트(news.kotra.or.kr)에 접속합니다.

▲ 코트라 해외시장뉴스 사이트

사이트의 주요 메뉴에는 뉴스, 상품·산업, 국가·지역 정보, 비즈니스, 보고서 등이 있습니다. [뉴스＞경제·무역] 메뉴를 선택해보겠습니다.

▲ '경제·무역' 메뉴

    각국의 경제·무역과 관련된 뉴스를 확인할 수 있습니다. 검색 기능을 통해서 원하는 국가의 산업 관련 정보와 시사점 요약까지 찾아볼 수 있습니다. 필요할 경우 해당 자료의 링크를 공유하거나 다운로드해서 이용할 수 있습니다.

▲ '상품 DB' 메뉴

[상품·산업] 카테고리에는 트렌드, 상품 DB, 국별 주요산업 메뉴가 있습니다. [상품 DB] 메뉴를 선택하면 과자부터 물티슈, 핸드폰, 전기자동차까지 모든 산업의 상품과 관련된 자료를 해당 국가의 무역관에서 직접 제공하고 있습니다. 부품소재 관련 정보도 함께 얻을 수 있습니다.

[국가·지역정보] 카테고리에는 국가지역 정보, 북한 정보, 진출전략, 출장 자료, 무역관 뉴스레터 등의 메뉴가 있습니다.

▲ '진출전략' 메뉴

[진출전략] 메뉴를 선택하면 매년 발간되는 각 국가별 진출전략 자료집을 확인할 수 있습니다. 자료집에는 시장평가 및 주요 이슈, 비즈니스 환경 분석, 진출전략, 기타 자료까지 해당 국가에 진출하기 위해 필요한 대부분의 시장조사 자료가 잘 정리되어 있습니다.

▲ '출장자료' 메뉴

[출장자료] 메뉴에서는 해당 국가의 개황이나 경제산업 및 무역투자 동향에서부터 해외 출장 시에 반드시 필요한 비자, 외국인 등록, 기후 및 시차, 환전, 식품, 의료, 인터넷, 호텔 등의 정보까지 세세한 가이드를 제공합니다.

▲ '기업성공사례' 메뉴

[비즈니스] 카테고리에는 무역성공 사례와 함께 무역사기 사례도
제공하고 무역관 현장 DB, 기업검색 사이트, 전문조사기관, 국제무역
통계(ITC) 등의 메뉴를 제공합니다.

▲ '심층 보고서' 메뉴

코트라 해외시장뉴스 사이트에서 가장 많이 이용되고 있는 서비
스 중의 하나인 [보고서] 카테고리에는 [심층 보고서]와 [글로벌 이슈
모니터링] 메뉴가 있습니다.

[심층 보고서] 메뉴에 들어가 보고서를 클릭하면 해당 보고서에
대한 간단한 개요와 목차를 확인할 수 있습니다. PDF 파일을 다운받
으면 수십에서 수백 페이지에 달하는 양질의 심층 정보를 무료로 제공
받을 수 있습니다.

RISS 논문 검색

검증된 연구 결과 및 자료가 필요한 경우에는 논문과 같은 학술 정보를 참고하는 게 좋습니다. 앞서 소개한 구글 학술 검색도 있지만 국내의 학술 정보를 찾을 때는 한국교육학술정보원에서 운영하는 학술연구정보서비스(RISS)를 이용하는 게 더 용이할 수 있습니다. RISS는 국내 논문 자료 검색과 함께 해외 전자 자료 검색, RISS 인기논문, RISS 활용도 분석, 연구 동향 분석, 해외 자료 신청 등을 제공하고 있습니다.

학술연구정보서비스 사이트(www.riss.or.kr)에 접속합니다.

▲ RISS 검색창에 키워드 검색

찾고 싶은 키워드를 입력하고 검색 버튼을 누릅니다. 국내 학술논문부터 단행본까지 '금융 빅데이터'라는 키워드와 관련된 자료는 총 915건이 나옵니다.

더 보기(+) 버튼을 눌러 [검색결과 좁혀 보기] 기능을 이용할 수 있

검색결과 좁혀 보기

좁혀본 항목　　⟳ 선택해제

좁혀본 항목 보기순서
검색량순　가나다순

원문유무 ▲
☐ 원문있음 (292)
☐ 원문없음 (35)

음성지원유무 ▲
☐ 음성 지원 (1)

원문제공처 ▲

▲ 검색 결과 좁혀 보기

습니다. 이 기능을 활용해 원문 유무, 음성지원 유무, 원문 제공처, 등재 정보, 학술지명, 주제, 발행연도, 작성 언어, 저자 등으로 자료를 세분화해서 살펴볼 수 있습니다.

'금융 빅데이터'와 관련된 국내 학술논문은 344건이 검색됩니다. 필요할 경우 내보내기, 내 서재 담기, 한글로 보기 기능이나 정확도순, 내림차순, 출력 필터링을 통해 보다 편리하게 자료를 찾을 수 있습니다.

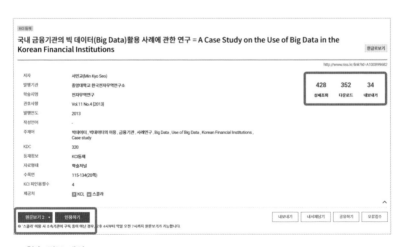

▲ 학술 정보 예시

특정 학술 정보 한 편을 선택해보겠습니다. 저자, 발행기관, 학술지명, 발행연도, 주제어 등의 기본 정보를 확인할 수 있고 해당 논문의 조회수, 다운로드, 내보내기 횟수도 확인 가능합니다. 왼쪽 하단의 [원문보기] 메뉴를 통해 논문을 다운받을 수 있으며, 무료 또는 유료 서비스가 있으니 적절하게 이용해보기 바랍니다.

논문 등의 학술 정보는 연구자가 특정 주제에 대해서 오랜 기간 동안 연구하고 정리한 내용 중에서도 일정 기준의 심사를 통과한 검증된 자료들로 구성되어 있습니다. 따라서 해당 주제에 대한 전반적인 현황과 이론적 배경에서부터 활용사례, 연구방법론, 참고문헌 등 유용하고 신뢰성 높은 정보들이 많기 때문에 잘 찾아서 활용한다면 시장조사 보고서 작성에 무척 도움이 될 것입니다.

산업 현황 및 시장 분석 사이트

이번에는 본인의 사업 아이템이나 비즈니스가 속해 있는 전반적인 산업에 대한 현황이나 시장 환경을 분석하는 방법을 알아보도록 하겠습니다.

앞서 살펴본 것처럼 직접 검색해 정보를 찾아내거나 통계청 등의 자료를 활용해서 보고서를 작성할 수도 있겠지만, 이미 구축된 솔루션을 활용해 손쉽게 보고서를 작성하는 방법도 있습니다.

다만 특정 아이템이나 비즈니스와 관련해서 세부적인 내용을 파악한다기 보다는 산업 전반이나 시장에 대한 현황을 파악하는 방법이라는 점을 참고하기 바랍니다.

KMAPS

KMAPS는 한국과학기술정보연구원(KISTI)에서 개발해서 운영 중인 지능형 산업 및 시장 분석 시스템입니다. 시장 규모, 경쟁 현황, 사업성 분석, 환경 분석 등의 서비스를 제공하고 있습니다.

먼저 KMAPS 사이트(kmaps.kisti.re.kr)에 접속하고 회원가입을 합니다. KMAPS의 서비스는 로그인을 해야 이용할 수 있습니다.

▲ KMAPS 사이트

위 이미지처럼 분석하고 싶은 산업 품목을 검색창에 입력하거나 [품목선택] 메뉴를 이용하면 됩니다. 호텔, 모텔, 펜션 등의 산업 현황을 파악하기 위해 검색창에 '숙박업'을 입력하고 [검색] 버튼을 누르면 다음과 같은 화면이 뜹니다.

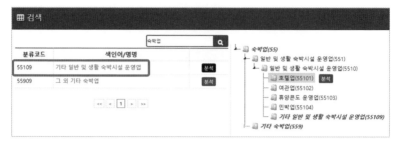

▲ 카테고리 검색

'기타 일반 및 생활 숙박시설 운영업'의 [분석] 버튼을 눌러보겠습니다. 더 세부적인 업종을 선택하고 싶다면 오른쪽 하위 카테고리의 호텔업, 여관업, 휴양콘도 운영업, 민박업 등에서 선택하면 됩니다.

▲ KMAPS 메뉴

숙박산업과 관련한 시장 규모 현황부터 재무구조, 관련 보고서 자료까지 한 번에 확인할 수 있습니다.

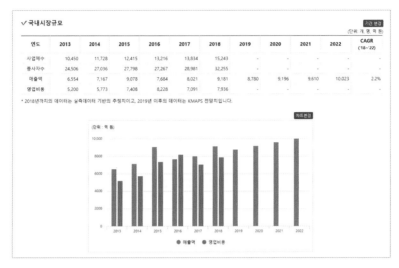

▲ 국내시장 규모

[시장규모분석] 메뉴에서는 연도별 사업체 수, 종사자 수, 매출액, 영업비용 등 숙박산업의 국내시장 규모를 확인할 수 있습니다. 기간이나 차트를 변경해가며 다양하게 조회해볼 수 있습니다.

✅ 수요 예측하기

이번에는 [시장규모분석＞수요 예측] 메뉴를 선택합니다.

▲ 수요 예측

앞에서 확인했던 매출액을 과거 시장 규모의 빈 칸에 채워넣고 분석 버튼을 누르면 평균 성장률과 선형추세 등의 미래 시장 규모 예측 값을 알 수 있습니다.

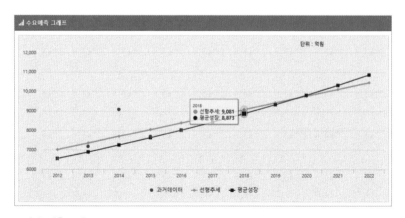

▲ 수요 예측 그래프

과거데이터, 선형추세, 평균 성장의 수요 예측 값을 그래프로 확인할 수 있고 차트타입, 색상, 레이블, 연도 등을 별도로 설정해서 볼 수도 있습니다.

☑️ 산업구조 파악하기

다음으로는 [경쟁현황분석 > 산업구조] 메뉴를 살펴보겠습니다.

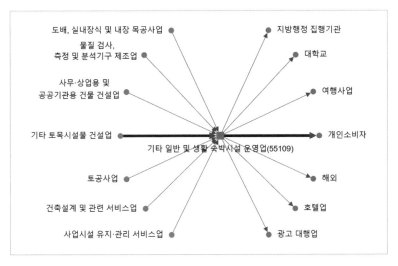

▲ 숙박산업의 산업구조

숙박산업의 전후방 산업구조입니다. 좌우로 나누어서 왼쪽은 목공사업, 제조업, 건설업 등의 공급자산업이고 오른쪽은 여행 사업, 호텔업, 광고대행업 등의 구매자산업으로 보입니다.

공급자	구매자					
품목(산업)명		거래비중	거래규모	거래기업수	총매출액	총기업수
기타 토목시설물 건설업		43.6%	320억 원	5개	6조 원	1,000개
토공사업		31.8%	230억 원	1개	8조 원	1,000개
사무·상업용 및 공공기관용 건물 건설업		6.9%	50억 원	4개	4조 원	300개
건축설계 및 관련 서비스업		5.8%	40억 원	2개	5조 원	1,000개
물질 검사, 측정 및 분석기구 제조업		4.5%	30억 원	1개	3조 원	400개
사업시설 유지·관리 서비스업		3.7%	30억 원	1개	8조 원	800개
도배, 실내장식 및 내장 목공사업		2.2%	20억 원	3개	9조 원	1,000개

▲ 공급자·구매자별 정보

공급자와 구매자로 구분해 각 산업군마다 거래 비중, 거래 규모, 거래 기업 수, 총매출액, 총기업 수 등의 수치를 볼 수 있습니다.

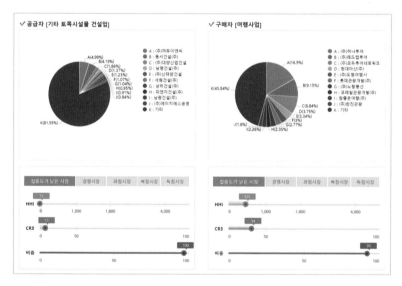

▲ 점유율 그래프와 시장 형태

공급자는 건설업, 구매자는 여행 사업으로 각 산업군에 속해 있는 대표적인 선두 업체들과 점유율을 보여줍니다. 중소·중견기업 매출 비중을 기준으로 현재 시장의 형태도 확인할 수 있습니다. 숙박 분야에서 건설업과 여행 사업은 양쪽 다 집중도가 낮은 시장에 위치하고 있습니다.

✅ 경쟁 현황 파악하기

숙박산업의 시장점유율을 살펴보겠습니다. [시장규모분석>경쟁 현황]에 들어가 [시장점유율] 메뉴를 클릭합니다.

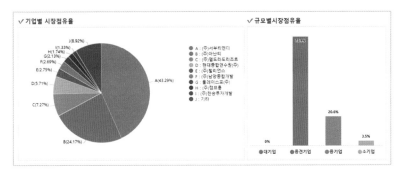

▲ 숙박산업의 시장점유율

숙박산업 전체에서 기업별 시장점유율과 규모별 시장점유율을 확인할 수 있습니다. 선두 기업들의 시장점유율을 알아보거나 대·중·소 기업별로 선택해 경쟁구조를 파악할 때 유용합니다.

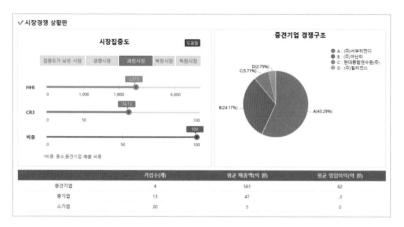

▲ 시장경쟁 상황판과 경쟁구조 그래프

시장경쟁 상황판과 대·중·소 기업별 경쟁구조 그래프입니다. 시장
집중도는 어떠한지나 기업 수와 평균 매출액, 평균 영업이익 등을 확
인할 수 있습니다.

✓ 상위 10개 기업 현황

더보기

(단위: 백만 원)

기업	규모	2017			2018			2019		
		총자산	매출액	영업이익	총자산	매출액	영업이익	총자산	매출액	영업이익
A	중견기업	17,363	575	-91	17,247	1,081	0	18,112	1,279	144
B	중견기업	4,570	399	-75	4,732	641	175	5,276	714	132
C	중기업	114	81	2	122	131	-2	122	215	2
D	중견기업	1,620	167	-13	1,571	163	-26	1,524	169	-13
E	중견기업	364	61	-21	342	60	-35	328	81	-15
F	중기업	1,354	76	-3	1,373	77	-3	1,626	79	13
G	중기업	382	30	-81	381	43	-70	361	63	-52
H	중기업	88	37	-15	135	48	-6	137	52	-15
I	중기업	279	0	-4	370	27	-3	366	39	8
J	중기업	77	15	5	230	21	5	226	36	11

A: (주)서부티앤디, B: (주)아난티, C: (주)엘도라도리조트, D: 현대종합연수원(주), E: (주)빌리언스, F: (주)남양종합개발, G: 플레이스포(주), H: (주)챔프룸, I: 한승투자개발, J: (주)통준

▲ 숙박산업의 상위 10개 기업

숙박산업의 상위 10개 기업의 총자산, 매출액, 영업이익을 연도별로 확인할 수도 있습니다.

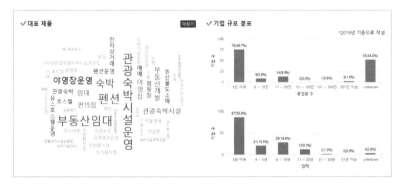

▲ 숙박산업의 대표 제품과 기업 규모 분포

숙박산업의 대표 제품(사업)을 워드클라우드(핵심 키워드를 시각화해서 보여주는 방법) 형식으로 보여주고, 기업 수와 종업원 수를 기준으로 기업 규모 분포도 확인할 수 있습니다.

✓재무구조

	재무비율	대상산업 평균	영업이익 상위 25%	중소기업	창업 5년 이하
성장성	총자산 증가율	12.6%	229.5%	5.1%	14.2%
	매출액 증가율	29.0%	130.5%	29.8%	47.9%
	영업이익 증가율	477.6%	168.8%	-19.3%	21.5%
	총자본순이익율	-1.2%	0.0%	-3.9%	-8.7%
	자기자본순이익율	-3.2%	0.9%	-62.3%	-183.0%
수익성	매출총이익율	41.5%	58.8%	68.9%	84.5%
	매출액영업이익율	-3.8%	17.0%	-14.6%	-53.1%
	세후영업이익율	-16.4%	-1.0%	-30.5%	-71.4%
	감가상각비율	2.9%	3.6%	5.1%	10.2%
안정성	부채비율	164.2%	214.3%	2102.7%	2209.4%
	유동비율	48.3%	50.0%	46.5%	19.8%
	자기자본비율	37.9%	34.7%	5.8%	6.5%

▲ 숙박산업의 재무구조

[재무구조] 메뉴에서는 성장성, 수익성, 안정성, 활동성을 기준으로 총자산증가율, 총자본순이익율, 부채비율, 총자산회전율 등의 항목에 대한 대략적인 재무구조를 파악해볼 수 있습니다.

KMAPS에는 시장 현황을 분석하는 기능 외에도 [사업성분석] 메뉴의 자가역량진단(기업, 일반, R&D) 서비스나 [환경분석] 메뉴의 PEST, SWOT 등의 유용한 서비스도 함께 제공하고 있으니 적절히 활용해보기 바랍니다.

딥서치

'딥서치'는 국내외 금융·기업·산업 빅데이터를 기반으로 각 분야의 시장 현황, 인물 분석, 이슈 모니터링 서비스를 제공하고 있는 사이트입니다. 딥서치를 통해 시장조사에 필요한 정보를 확보하고 비즈니스 의사결정을 진행할 수 있습니다.

우선 딥서치 사이트(www.deepsearch.com)에 접속하고 회원가입을 진행합니다. 유료 서비스도 일부 있지만 기본 검색이나 분석 서비스는 무료로 이용할 수 있습니다.

딥서치에는 크게 시장조사, 모니터링, 프리미엄 서비스 카테고리 메뉴가 있고 각 카테고리 안에 다양한 기능 메뉴들이 있습니다. 이 중에서 몇 가지 기능을 살펴보도록 하겠습니다.

▲ 딥서치의 카테고리

[시장조사>산업 분석] 메뉴는 분야별 산업의 개요부터 기업 현황, 매출 비교, 평균 직원 연봉, 뉴스 분석 등의 정보를 제공하고 있습니다. [산업 정의 기준]에서 '주제'를 선택하고 목록 중에서 '사교육'을 선택해보겠습니다.

	종목코드	기업명	거래소	매출액	당기순이익	자산	부채	시가총액	종업원수
☑	KRX:019680	대교	KOSPI	7,619.39 억	171.55 억	9,198.74 억	3,066.47 억	3,193.3 억	2,451
☑	NICE:H77164	*스*유*타*	-	4,415.2 억	-319.19 억	3,890.1 억	5,151.26 억	-	912

▲ 기업 목록

사교육산업의 기업 목록에서는 대표 기업들의 상장 여부, 매출액, 자산, 시가총액, 종업원 수 등의 정보를 제공합니다.

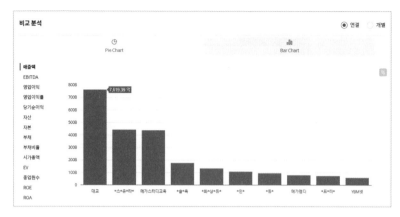

▲ 비교 분석

　[비교 분석]에서는 매출액, 영업이익, 자본, 부채 등의 항목들에 대해서 각 기업들을 비교해볼 수 있습니다. 시계열 분석(시간의 흐름에 따라 관찰된 자료를 분석해 미래의 값을 예측하고 활용하는 분석 방법)에서는 연도별 비교도 가능합니다.

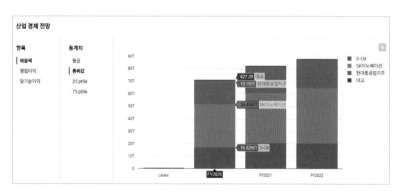

▲ 산업 경제 전망

[산업 경제 전망]에서는 매출액, 영업이익, 당기순이익 항목을 기준으로 기업별 통계 수치를 확인할 수 있습니다.

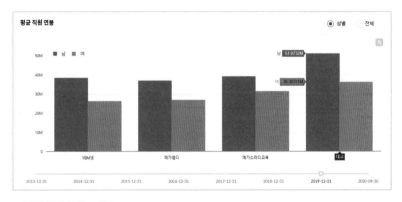

▲ 평균 직원 연봉 그래프

해당 분야 선두 기업들의 남녀 평균 직원 연봉을 비교해볼 수 있고 대표이사의 나이, 주거래 은행, 개인별 최고 보수 등의 정보도 확인할 수 있습니다.

▲ 인공지능 뉴스 분석

[인공지능 뉴스 분석]에서는 트렌드, 감성, 종목, 기업 등의 분야별 키워드를 수집하고 분석해서 제공하고 있습니다.

▲ 각종 토픽과 정보

[문서]에서는 각종 토픽 정보를 포함해서 뉴스, 공시, 증권사 리포트, IR, 특허 분야의 소식들을 수집해서 제공하고 있습니다.

▲ '기업 분석' 메뉴

[시장조사] 카테고리의 [기업 분석] 메뉴를 선택하고 사교육 기업인 '대교'를 분석해보겠습니다. 일반적인 기업 개요, 시장 정보, 재무 정보와 함께 전반적인 사업 개요와 현황까지 살펴볼 수 있습니다.

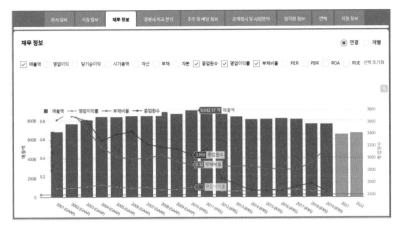

▲ 다양한 정보 그래프

　　대표 기업과 관련된 문서 정보, 시장 정보, 재무 정보 등을 그래프
로 확인할 수 있고 매출액, 영업이익률, 부채비율, 종업원 수 등의 각
항목별로 비교해서 살펴볼 수도 있습니다.

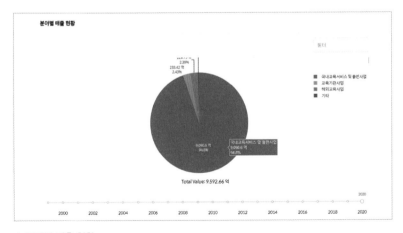

▲ 분야별 매출 현황

대교 기업 관계사 및 사업 분야 정보와 함께 각 분야별 매출 현황까지 분석해서 보여줍니다. 출판과 교육 사업을 중심으로 건설업, 유선방송업, 기타 분야 사업도 함께 진행 중인 것을 알 수 있습니다.

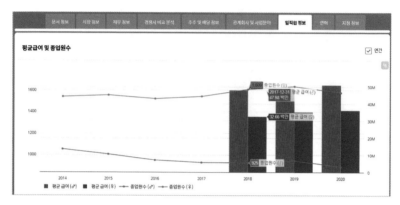

▲ 평균 급여 및 종업원 수

임직원 정보에서는 연도별로 남녀 종업원 수, 평균 급여 수치를 알수 있고 임원 정보, 이사회 임원 평균 보수도 확인할 수 있습니다. 기타 회사의 연혁, 지점 정보, 경쟁사 비교 분석 등의 메뉴를 통해 기업과 관련된 모든 정보를 제공합니다.

관심 키워드와
이슈 알리미

지금까지는 온라인 검색이나 각 분야별 보고서 등을 참고해서 과거의 자료를 기반으로 시장조사를 진행하는 방법을 알아보았습니다. 지난 데이터를 통해 시장조사를 하는 것도 중요하지만 실시간으로 올라오고 있는 자료를 수시로 모니터링하며 보고서 작성에 도움이 될 만한 소스를 찾는 일도 놓쳐서는 안 됩니다.

사업을 준비 중인 제품이나 산업 분야의 정보를 정기적으로 모니터링하거나 찾은 정보를 저장해두고 활용할 수 있는 온라인 도구들을 몇 가지 소개합니다. 이 도구들을 잘 활용한다면 관심 키워드에 대한 이슈들을 놓치지 않고 따라갈 수 있습니다.

네이버 킵

네이버에는 웹페이지를 북마크 해두거나 필요한 자료들을 저장하고 메모할 수 있는 킵(Keep)이라는 서비스가 있습니다. 네이버 로그인만 되어 있다면 PC나 모바일에서 언제든 사용이 가능합니다.

먼저 네이버 킵 서비스(keep.naver.com)로 접속합니다.

▲ 네이버 킵 서비스 화면

서비스 화면 왼쪽엔 태그 기능이 있고 오른쪽 본문엔 서비스 메뉴와 북마크 된 링크 자료(콘텐츠) 목록이 보입니다. 물론 킵을 처음 사용한다면 태그와 링크 자료 부분이 비어 있는 상태입니다.

킵 서비스를 한번 이용해보겠습니다. 네이버 검색창에서 '비건산업'을 검색하고 [뉴스] 채널로 이동합니다.

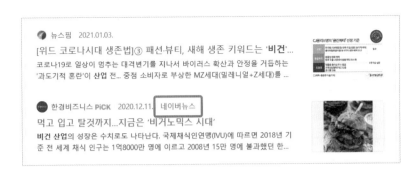

▲ 네이버뉴스 기사 선택

검색 결과에 나온 뉴스 중에서 '네이버뉴스' 링크가 있는 기사를 하나 선택합니다. 만약 '네이버뉴스' 표시가 없는 기사를 선택하면 해당 언론사의 웹페이지로 바로 이동합니다.

▲ Keep 메뉴 선택

해당 뉴스가 '네이버뉴스'로 보이는 경우 뉴스 제목의 오른쪽에 있는 공유 아이콘을 누르고 [Keep] 메뉴를 선택하면 됩니다. 킵에 저장하고 [편집하기]를 눌러 편집 화면으로 이동합니다.

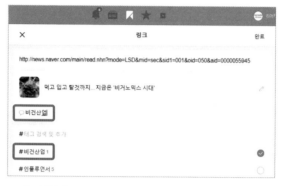

▲ 태그 만들기

기존에 비건산업 태그(카테고리)가 만들어져 있다면 뉴스 링크 자료를 해당 태그로 이동하면 되고, 아직 태그가 없다면 태그를 생성한 후 링크를 이동하면 됩니다.

▲ 기사 URL 복사

뉴스 검색 결과에서 '네이버뉴스' 표기가 없는 기사는 해당 언론사 사이트로 바로 이동하게 되며, 공유 아이콘과 킵 메뉴가 없습니다. 이럴 경우에는 해당 기사의 URL 주소를 복사해 네이버 킵 서비스의 [링크] 메뉴에 직접 입력해야 합니다.

▲ URL 입력하기

네이버 킵 서비스의 [링크] 메뉴에 기사 URL을 입력한 후 알맞은 태그를 선택하면 됩니다.

네이버 킵 서비스는 모바일 환경에서도 PC와 똑같은 방식으로 운영할 수 있습니다. 모바일에서 해당 기사를 선택하고 킵 저장과 편집, 목록 메뉴를 이용하면 됩니다. 네이버 킵의 북마크 기능은 뉴스 외에도 블로그, 유튜브, 인스타그램 등 웹에 존재하는 URL만 있다면 모든 종류의 콘텐츠와 채널의 자료들을 모아서 분류하고 관리할 수 있습니

다. 북마크 외에 사진, 동영상, 파일을 저장할 수도 있고 필요한 정보를 기록해두는 메모 기능도 있습니다.

　네이버 킵 서비스로 평소에 관심 있는 분야나 준비 중인 아이템의 시장조사에 필요한 콘텐츠 자료들을 수집하고 활용해보기 바랍니다.

▲ 모바일 킵 서비스

구글 알리미

'구글 알리미'는 구글이 제공하는 뉴스, 블로그, 비디오 등의 모든 웹 콘텐츠들을 이용자가 설정해둔 시간대별로 지메일을 통해 알림을 제공해주는 서비스입니다. 구글은 전 세계에서 가장 많이 사용되는 검색 엔진이므로 각 국가의 수많은 현지 콘텐츠를 보유하고 있습니다. 국내는 물론이고 특히 해외 비즈니스 정보나 콘텐츠가 필요하다면 구글 알리미를 통해서 정기적인 소식을 받아보기 바랍니다.

　구글 알리미 사이트(www.google.co.kr/alerts)에 접속합니다.

▲ 구글 알리미 서비스 화면

    구글 알리미 서비스 화면에 접속하고 검색창에 관심 분야의 키워드를 입력합니다. 키워드를 입력하면 아래에 알리미 미리보기 콘텐츠가 보입니다.

▲ 알리미 옵션 기능

[옵션 표시] 버튼을 눌러 알림 서비스에 대한 옵션을 설정할 수 있습니다. 알림을 받을 수신 빈도, 출처, 언어, 지역, 개수, 수신 위치 등입니다. 본인에게 맞는 알림 옵션을 선택한 후 [알림 만들기]를 누릅니다.

▲ 설정된 알리미 서비스

'반려동물'과 관련한 알림이 하나 생성되었습니다. 이제부터는 위에서 설정해둔 알림 옵션대로 지메일을 통해 콘텐츠 알림 서비스를 받을 수 있습니다. 알림 키워드마다 수정과 삭제 아이콘이 있어서 필요하면 언제든 알림 옵션을 수정하거나 키워드를 삭제할 수 있습니다. 사용법은 매우 간단하지만 관심 분야의 정보를 모니터링하는 데는 아주 유용한 서비스입니다.

이번에는 '반려동물' 대신 영어로 'Companion Animal'이라는 키워드를 입력해보겠습니다.

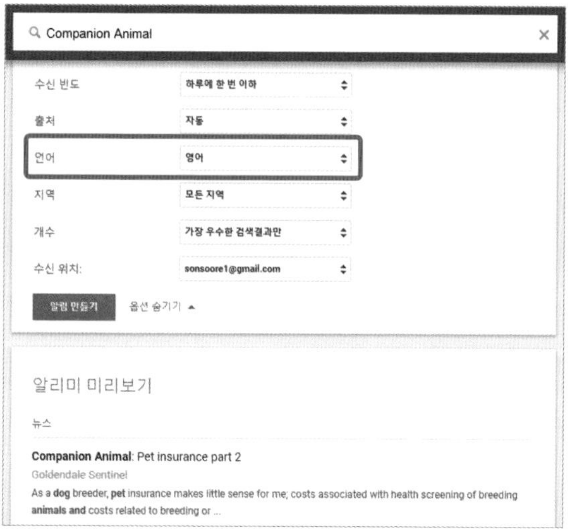

▲ 언어 설정

영어 키워드를 입력하고 알림 옵션 설정에서 언어를 영어로 설정
하면 아래 부분의 알리미 미리보기에 영문 콘텐츠가 뜹니다. 언어뿐만
아니라 출처나 지역(국가) 옵션을 바꿔 설정하면 전 세계의 현지 사용
자나 전문가들의 콘텐츠를 모니터링할 수 있어 유용합니다.

▲ 메일로 수신된 콘텐츠 알림

구글 알리미 설정을 하고 어느 정도 시간이 지나면 수신 위치에 설정해둔 메일 주소로 해당 키워드와 관련된 콘텐츠 알림들이 와 있는 것을 확인할 수 있습니다.

키워드를 반려동물 시장 현황, 반려동물 시장 규모, 반려동물 트렌드 등의 다양한 세부 키워드로 설정하고 각 옵션 설정을 적절하게 활용한다면 보다 목적에 가까운 시장조사 정보를 얻을 수 있습니다. 반려동물 관련 해외 전문가나 현지 기자의 정보까지 발 빠르게 모니터링할 수 있습니다.

딸람

▲ 딸람 앱 다운로드

구글 알리미처럼 뉴스와 여러 채널의 정보를 알려주는 '딸람'이라는 앱이 있습니다. 앱을 다운받아 휴대폰으로 편리하게 이용할 수 있다는 장점 외에 구글 알리미와는 다른 기능도 몇 가지 있어 함께 소개합니다. 플레이스토어나 앱스토어에서 '뉴스 알람'을 검색해보시면 여러 개의 앱들을 확인할 수 있습니다. 이 중에서 '딸람'이라는 앱을 다운로드한 후 열어보겠습니다.

홈 화면에서 [검색 바로가기] 버튼을 선택하면 오른쪽 이미지와 같은 화면이 나옵니다.

주식, 속보 등 사람들이 많이 이용하는 주요 이슈들을 미리 키워드로 생성해두었습니다. 알림 받기 원하는 이슈가 있다면 이 중에서 선택하면 됩니다.

▲ 주요 이슈 키워드

이번에는 홈에서 [직접 생성하기] 버튼을 눌러보겠습니다.

'내 딸람 설정'에서 본인이 원하는 알림 키워드를 최대 3개까지 설정할 수 있습니다.

▲ 내 딸람 설정

알림을 받고 싶은 키워드를 AND, OR, NOT 조건으로 설정하고 오른쪽 상단의 [미리보기] 버튼을 선택합니다. 모두 동시에 포함할 키워드는 AND, 하나 이상 포함할 키워드는 OR, 검색을 제외할 키워드는 NOT 부분에 입력하면 됩니다.

▲ 알림 조건 등록

피드 미리보기에서는 앞서 설정해둔 조건대로 '반려동물' 모두 동시 포함하고, '강아지'나 '개' 중 하나 이상을 포함하고, '고양이'를 모두 제외한 결과를 보여줍니다.

▲ 조건 검색 결과

딸람 직접 설정 옵션에는 닉네임 지정, 알람 주기 설정, 정보 소스 구독 설정이 있습니다. 본인의 필요에 맞게 설정해 이용하면 됩니다.

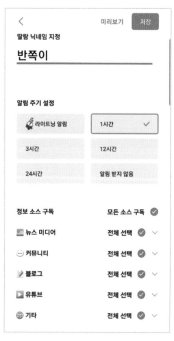

▲ 설정 옵션

정보 소스에는 뉴스 미디어, 커뮤니티, 블로그, 유튜브, 기타 등의 대분류가 있습니다. 각 대분류 오른쪽에 있는 체크 버튼을 눌러보면 커뮤니티 아래에서 소분류 소스까지 선택할 수 있습니다.

네이버 킵, 구글 알리미, 딸람 등의 북마크나 정보 알림 서비스를 활용해서 사업과 관련된 이슈를 정기적으로 관리해보기 바랍니다.

▲ 소스 선택 화면

● ○ ○

신우열

중소기업 '아이소라이프' 대표

간단한 자기소개를 부탁드립니다.

안녕하세요. 저는 10년간 체형교정센터를 운영하며 체득한 노하우를 기반으로 체형교정상품을 개발해 판매하는 '아이소라이프'의 대표 신 우열입니다.

사업 초기부터 온라인 시장조사를 해오셨나요?

직원이 몇 명 없는 작은 회사라 사업 초기부터 체계적인 시장조사를 해오지는 못했습니다. 다행히 첫 번째로 선보인 제품의 타깃이 거북 목이나 목 디스크 등으로 불편함을 겪는 분들이었고, 마침 제가 운영하는 센터의 고객들이 있어 주 고객층의 니즈를 파악할 수 있었습니다. 그 덕분에 체계적인 시장조사를 하진 못했음에도 고객 반응이 좋은 제품을 출시할 수 있었던 것 같습니다. 이렇게 명확한 타깃 고객을 수시로 접할 수 있는 상황이 아니었다면 좋은 제품을 출시하기 어려웠을 것입니다. 저와 같은 환경이 아니라면 온라인 시장조사가 그 역할을 대신해줄 수 있지 않을까 생각합니다. 제품 출시 이후 회사가 어느 정도 안정되면서 '출시한 제품을 어떻게 더 잘 판매할 수 있을까?' 고민하다가 본격적으로 시장조사를 시작하게 되었습니다.

온라인 시장조사가 어떤 도움이 되었나요?

동일한 제품이라도 고객에게 어떤 포인트를 강조할 것인지, 어떤 키워드로 접근할 것인지 등을 달리 정해야 하는데 이러한 고객과의 커뮤니케이션에 있어 보다 예리하게 다가갈 수 있게 되었습니다. 고객의 욕구에 더욱 밀접한 키워드, 진정으로 원하는 가치에 해당하는 포인트가 있다는 것을 알게 되었습니다. 제가 할 수 있는 마케팅은 키워드 광고, 상품 상세페이지 정도였지만 시장조사로 얻어낸 키워드와 가치 포인트를 반영해 고객들에게 어필했을 때 제품 반응이 크게 좋아지는 것을 확인할 수 있었습니다.

앞으로 온라인 시장조사를 어떻게 활용할 계획이신가요?

최근 목 교정뿐 아니라 허리 교정 제품을 출시했는데요. 두 번째 제품은 시장조사를 통해 얻은 시사점을 기반으로 콘셉트를 잡았습니다. 허리 교정에 관한 연관어로 '운동, 마사지' 등의 키워드가 함께 올라오는 것을 발견했고, 이에 따라 제품을 홍보할 때도 단지 허리 교정만 어필하지 않고 홈 트레이닝이나 홈 마사지 효과를 동시에 어필할 수 있었습니다. 그 덕분에 허리가 불편해 교정이 필요한 고객뿐만 아니라, 허리 건강을 위해 사전 예방이 필요한 일반적인 다수의 고객들까지 타깃을 확대할 수 있게 되었습니다.

중소기업에게 시장조사란 어떤 의미가 있나요?

지금의 디지털 환경은 저희 같은 작은 기업도 고객들에게 큰 만족을 안겨줄 수 있는 유리한 조건을 마련해주는 것 같습니다. 시장조사를 하는 데 예전과 같은 인력이나 비용이 들지 않기 때문에 큰 자본을 투입하지 않고도 고객에게 쉽게 다가갈 수 있게 되었습니다. 작지만, 작기 때문에 가능한 '민첩성, 유연성, 창의성'을 기반으로 온라인 시장조사 도구를 잘 활용해 고객 만족을 극대화한다면 디지털 시장 환경에서 빠른 성장을 이룰 수 있을 것이라 생각합니다.

- 빅데이터로 시장 트렌드 읽기 : 네이버 데이터랩, 구글 트렌드
- 시각데이터로 고객 반응 확인하기 : 썸트렌드, 빅카인즈
- 쇼핑데이터로 판매할 아이템 파악하기 : 키워드 도구, 아이템스카우트, 쇼핑 플랫폼

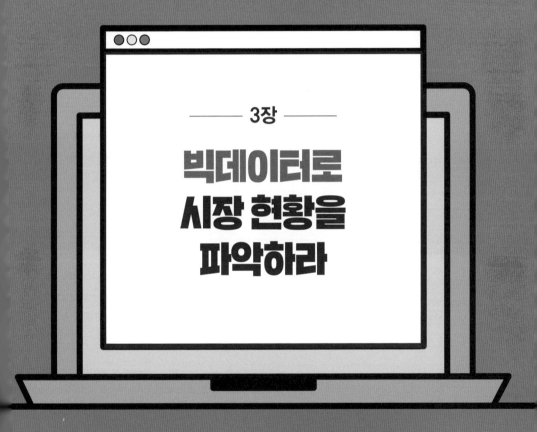

3장

빅데이터로
시장 현황을
파악하라

빅데이터로
시장 트렌드
읽기

창업 아이템에 대한 전반적인 시장 현황이나 트렌드를 빅데이터를 통해서 알아보도록 하겠습니다. 트렌드 조사에 가장 많이 활용되고 있는 도구는 '네이버 데이터랩'과 '구글 트렌드' 서비스입니다.

네이버 데이터랩

먼저 네이버 데이터랩부터 살펴보겠습니다. 네이버 데이터랩 사이트 (datalab.naver.com)에 접속합니다.

페이지 상단에 데이터랩 홈, 급상승검색어, 검색어트렌드, 쇼핑인사이트, 지역 통계, 댓글 통계 등의 메뉴가 있습니다.

▲ 데이터랩 메뉴

우선 [급상승검색어] 메뉴를 선택합니다. 약 4년간의 급상승검색어 데이터를 집계 주기와 연령별, 상세 옵션(이슈, 이벤트, 시사, 엔터, 스포츠)별로 살펴보며 소비자들의 전반적인 관심사 트렌드를 조사해볼 수 있습니다.

만약 캠핑과 글램핑 사업을 조사하고 있고, 소비자들의 검색 추이가 궁금하다면 다음과 같이 주제어를 입력합니다. 주제어는 최대 5개까지 입력할 수 있습니다.

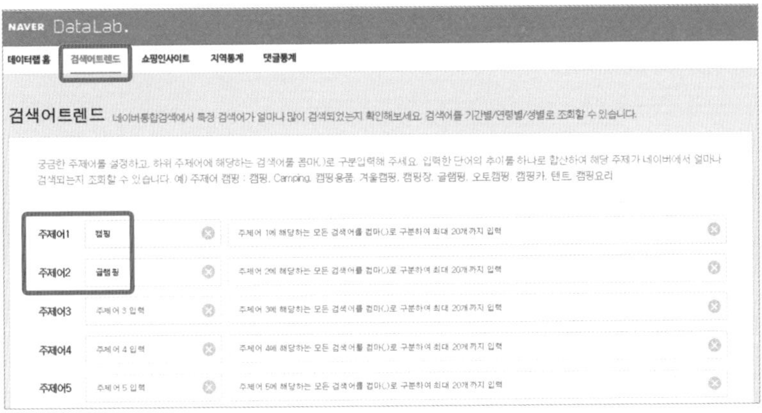

▲ 주제어 검색

　　[검색어트렌드] 메뉴를 통해 네이버에서 특정 키워드가 얼마나 많이 검색되었는지 확인할 수 있습니다. 관심 주제어를 입력하고 하위 주제어는 쉼표로 구분해서 입력해주면 입력한 단어의 추이를 하나로 합산해서 결과를 보여줍니다.

▲ 주제어 세부 설정

해당 주제어에 대한 기간, 범위, 성별, 연령을 선택하고 [네이버 검색 데이터 조회] 버튼을 클릭합니다.

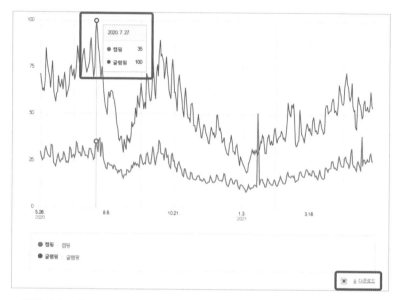

▲ 검색 결과 그래프

캠핑과 글램핑에 대한 검색 결과를 그래프로 확인할 수 있습니다. 1년간 검색 결과를 백분율한 수치로, 가장 검색량이 많은 2020년 7월 27일을 100으로 두고 나머지 일자를 비교해서 보여줍니다. 해당 검색어에 대한 사람들의 관심을 월별, 일별로 확인하며 의미 있는 정보를 찾아낼 수 있습니다.

그래프 오른쪽 하단의 다운로드 표시를 누르면 해당 데이터를 엑셀 파일로 저장할 수 있습니다. 네이버 데이터랩의 모든 결과는 엑셀 데이터로 다운받아 별도로 활용할 수 있습니다.

앞서 그래프를 보면 네이버에서는 캠핑보단 글램핑을 더 많이 검색한다는 것을 알 수 있습니다. 실제로 네이버 검색광고센터에서 월간 검색 수를 비교해보면 글램핑이 캠핑에 비해 약 2배 이상 많습니다.

그래프를 좀 더 살펴보면 날씨가 따뜻해지는 봄부터 시작해서 7월까지 관심이 가장 많고, 여름에 조금 주춤했다가 다시 9월 말부터 10월까지 비슷한 관심을 보이고 있습니다. 2020년은 코로나19로 인해 캠핑에 대한 관심이 급증해서 다른 연도와는 다를 수 있겠지만, 이 경우 코로나19 이전 1년간의 검색어 추이 결과와 비교해보면 좀 더 정확하게 알 수 있습니다.

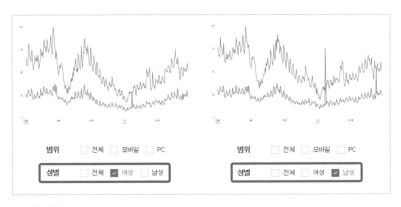

▲ 성별 옵션

검색 옵션에서 성별을 각각 체크하고 비교해보면 그래프가 서로 다르게 나타나는 것을 확인할 수 있습니다. 같은 방식으로 범위(모바일, PC)나 연령을 비교해서 의미를 찾아보는 것도 좋습니다.

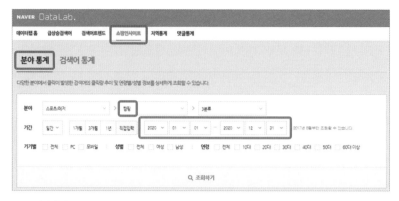

▲ 쇼핑인사이트

　　이번에는 데이터랩에서 아이템을 조사할 때 가장 많이 이용하는 [쇼핑인사이트]를 한번 살펴보겠습니다. [분야 통계]에서 분야를 캠핑으로 지정하고 원하는 기간을 설정한 뒤 [조회하기]를 누릅니다.

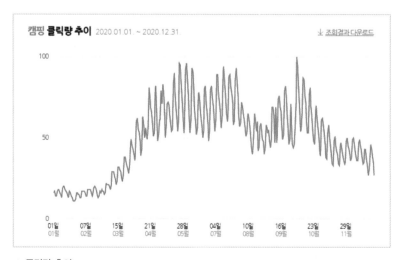

▲ 클릭량 추이

앞서 살펴본 검색어트렌드 그래프와 조금 다른 모습입니다. 검색어 트렌드는 네이버 통합 검색창에 입력하는 검색량이고, 쇼핑인사이트는 쇼핑을 목적으로 쇼핑 검색창에 입력하는 검색량이기 때문입니다.

▲ 기기별·성별·연령별 비중

기기별 검색량을 보면 모바일이 80%로 PC보다 월등히 많고, 성별은 여성보다 남성이 더 큰 비중을 차지하고 있습니다. 연령별로 살펴보면 30대와 40대가 대부분을 차지하고 있습니다.

▲ 인기검색어 변화 추이

최근 3년간 캠핑 관련 인기검색어 추이를 살펴보면 2018년 5위에 있던 캠핑의자가 2019년엔 2위, 2020년엔 1위로 올라온 것을 알 수 있습니다.

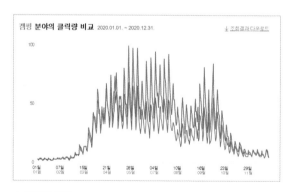

▲ 검색어 통계

캠핑 분야의 클릭량을 비교해보기 위해서 [검색어 통계] 메뉴에서 분야를 캠핑으로 설정하고 비교 검색어에 '캠핑의자, 캠핑테이블'을 입력해보겠습니다. 기간은 1년으로 설정합니다.

▲ 클릭량 비교

2020년 캠핑 분야 검색어 1위와 2위 검색어의 클릭량을 비교해볼 수 있으며 기기별, 성별, 연령별 비교도 가능합니다.

이처럼 네이버 데이터랩에서 제공하는 급상승검색어, 검색어트렌드, 쇼핑인사이트, 지역 통계, 댓글 통계 데이터들을 잘 활용해서 시장성과 트렌드 조사에 필요한 보고서 자료를 확보해보기 바랍니다.

구글 트렌드

구글 트렌드는 앞서 살펴본 네이버 데이터랩의 검색어트렌드 서비스와 비슷합니다. 다만 구글 포털의 검색량을 기준으로 하기 때문에 전 세계인이 이용하는 글로벌 서비스라는 점에서 차이가 있습니다. 따라서 검색량이 적은 개별 아이템 조사보다는 유명 브랜드나 전반적인 업계의 트렌드를 조사할 때 훨씬 유용합니다. 상황에 따라 네이버 데이터랩과 구글 트렌드를 적절하게 조합해서 시장조사에 활용하면 좋습니다.

구글 트렌드를 활용해서 특정 브랜드에 대한 조사를 한번 진행해보겠습니다. 먼저 구글 트렌드(trends.google.co.kr)에 접속합니다.

▲ 구글 트렌드 검색창

구글 트렌드 홈 화면의 검색창에 '쿠팡'을 입력합니다.

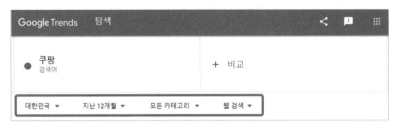

▲ 검색 옵션 선택

검색어에 대한 검색 옵션을 국가별, 기간별, 카테고리별, 온라인 채널별로 설정할 수 있습니다. 기본으로 설정되어 있는 '대한민국, 지난 12개월' 옵션으로 검색량을 살펴보겠습니다.

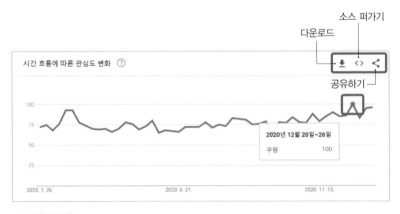

▲ 검색량 그래프

지난 12개월 중 가장 검색량이 많은 2020년 12월 20~26일 주간을 100으로 해서 나머지 주간의 검색량을 백분율로 표시해줍니다. 그 래프 오른쪽 상단에는 다운로드, 소스 퍼가기, 공유하기 메뉴가 있습 니다. 필요할 경우 그래프 데이터를 숫자로 된 CSV 파일로 다운받아 별도로 활용할 수 있습니다.

▲ 뉴스 검색

　　가장 검색량이 많은 2020년 12월 20~26일 주간에 쿠팡과 관련 해 어떤 이슈가 있었는지 뉴스를 검색해봤습니다. 상단의 도구 버튼 을 눌러 검색 기간을 설정하면 됩니다. 쿠팡이 OTT 사업을 시작했다 는 이슈로 검색량이 늘어났음을 추측해볼 수 있습니다.

　　이처럼 특정 아이템에 대한 트렌드 그래프에서 가장 높은 수치를 보이는 곳엔 어떤 이슈가 있었는지 알아보거나, 급격한 변동 폭이 생 길 경우 관련 이슈를 뉴스나 기타 채널에서 찾아보는 것도 시장조사 에 큰 도움이 됩니다.

▲ 하위 지역별 관심도

지역별 관심도도 알 수 있습니다. 하위 지역별 관심도를 보면 인천광역시가 가장 높습니다. 하위 지역은 우리나라로 치면 광역시나 도 단위입니다. 하위 지역 외에 도시별 검색도 가능합니다.

▲ 키워드 동시 검색

쿠팡이라는 키워드에 대해 왜 인천광역시에서 관심도가 높은지 뉴스 채널에서 '쿠팡'과 '인천'이라는 키워드를 동시에 검색해봅니다. 해당 기간에 쿠팡의 인천 물류센터에서 코로나19 확진자가 발생했다는 이슈를 확인할 수 있습니다.

나머지 관심도가 높은 지역들도 검색해보면 물류센터와 관련된 이슈를 찾아볼 수 있습니다. 이로써 쿠팡과 관련된 하위 지역별 관심도는 대체로 물류센터와 연관되어 있다는 사실을 추측해볼 수 있습니다.

▲ 관련 주제 · 검색어별 급상승검색어

관련 주제와 관련 검색어별로 급상승검색어를 확인해볼 수 있습니다.

▲ 관련 주제 · 검색어별 인기검색어

관련 주제와 검색어에서 [인기] 옵션을 선택하면 급상승검색어와
는 다른 결과를 확인할 수 있습니다. 관련 인기 주제에서는 쿠팡 외에
위메프나 11번가 같은 타 브랜드도 보이고, 관련 인기검색어에는 주
로 쿠팡 서비스와 관련된 내용들이 보입니다. 이런 검색 결과에서 의
미 있는 정보를 발굴해보는 것도 시장조사에 도움이 됩니다.

▲ 비교 검색창

이번에는 기존 쿠팡 검색어에 다른 검색어 2개를 더 추가해서 비
교해보겠습니다. 비교 검색창에 '위메프'를 입력하고 비교 추가 검색
창에 '티몬'을 입력한 후 엔터를 칩니다.

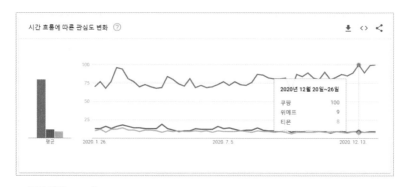

▲ 주간 관심도 그래프

쿠팡, 위메프, 티몬의 1년간 주간 관심도를 그래프로 보여줍니다.
쿠팡이 압도적으로 높고 위메프가 티몬보다 다소 높은 것을 확인할 수
있습니다.

▲ 하위 지역별 비교 분석

앞서 단일 키워드로 검색했을 때와 마찬가지로 쿠팡, 위메프, 티몬
각 브랜드에 대한 하위 지역별 관심도를 비교해볼 수 있습니다.

▲ 하위 지역별 관심도 비교 그래프

N 쿠팡	N 위메프	N 티몬
쿠팡	위메프	티몬
쿠팡 로켓배송	위메프 고객센터	티몬 고객센터
쿠팡 이츠	위메프 판매자센터	티몬 항공권
쿠팡 고객센터	위메프 pc버전	티몬 판매자센터
쿠팡 파트너스	위메프 티켓	티몬 티켓
쿠팡 주식	위메프 고객센터 전화번호	티몬 슈퍼세이브
쿠팡 판매자센터 로그인	위메프오	티몬 블랙쿠폰
쿠팡 아이패드 프로 5세대 사전예약	위메프 베이비위크	티몬 파트너센터
쿠팡 리뷰이벤트	위메프 포인트	티몬 무료배송데이
쿠팡 플레이	위메프 정품	티몬 머지포인트

▲ 자동완성 검색어로 브랜드 관심사 확인

구글 트렌드에서 파악해본 각 브랜드에 대한 관심사를 네이버에서도 한번 확인해보겠습니다. 각 브랜드를 네이버 검색창에 입력하고 자동완성 검색어들을 살펴봅니다. 쿠팡은 로켓배송, 쿠팡 이츠 등 자사브랜드 관련 서비스가 많고, 위메프는 서비스보다는 고객센터와 관련한 키워드가 주를 이루고 있습니다. 티몬은 고객센터, 항공권, 문화상품권, 적립금 등이 보입니다.

사람들의 관심사가 반영된 자동완성 검색어를 통해 각 브랜드의 운영 현황이나 상태를 대략적으로 파악해볼 수 있습니다. 물론 이런 관심사 검색어는 특정 기간이나 이슈에 따라 달라질 수 있으니 감안해서 살펴보기 바랍니다.

시각데이터로
고객 반응
확인하기

조사 중인 아이템에 대한 소비자들의 반응을 한번 살펴보겠습니다. 온라인 뉴스나 SNS 검색 결과를 바탕으로 키워드 분석, 연관어 분석, 감성 분석, 비교 분석 등을 진행하고 언급량 추이나 트렌드를 시각적으로 표현하는 방법을 알아보겠습니다.

썸트렌드

썸트렌드 사이트(www.some.co.kr)에 접속합니다. 메인 화면에는 검색창과 함께 시장 모니터링, 브랜드 평판 보기, 경쟁 제품 비교하기 등의

메뉴에 대한 기능 소개와 바로가기가 있습니다. 각 메뉴를 하나씩 살
펴보도록 하겠습니다.

✅ 소셜 분석

▲ 썸트렌드 메뉴

시장 모니터링 바로가기 버튼 또는 메인의 상단 메뉴에 있는 [소셜
분석] 메뉴를 선택합니다.

▲ 소셜 분석

소셜 분석은 해당 키워드에 대한 언급량, 연관어, 감성 분석을 진행해서 소비자의 관심도나 긍부정에 대해 파악할 수 있습니다.

'톤업크림' 아이템에 대한 분석을 진행해보겠습니다. 검색창에 '톤업크림'이라고 입력하고 분석 기간을 3개월로 설정합니다(비회원일 경우에는 1개월까지, 무료 회원가입을 하면 3개월까지 분석할 수 있습니다).

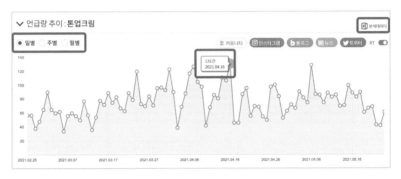

▲ 언급량 추이 분석 결과

톤업크림 키워드에 대한 언급량 추이 분석 결과를 보겠습니다. 그래프에 있는 동그라미 표시에 마우스를 가져다 대면 일별 언급량을 확인할 수 있습니다. 최근 3개월 중에서는 2021년 4월 16일에 131건으로 가장 언급량이 많습니다.

언급량 추이는 일별, 주별, 월별로 설정할 수 있고 각 수집 채널(블로그, 인스타그램, 뉴스, 트위터)별로 볼 수도 있습니다. 오른쪽 상단의 [분석데이터] 버튼을 눌러 엑셀 파일로 저장할 수도 있습니다.

▲ 연관어 변화 분석 결과

톤업크림 키워드에 대한 연관어 변화 분석 결과를 살펴보겠습니다. 월별로 선택하면 최근 3개월간 변화를 확인할 수 있습니다. 해당 키워드에 대한 연관어는 최대 30위까지 확인되고 상위 순위권에는 크림, 피부, 마스크 등이 주로 언급되고 있는 것을 볼 수 있습니다.

2021년 05월

순위	연관어	건수	순위	연관어	건수	순위	연관어	건수
1	피부	979	11	광고	311	20	추출물	211
2	제품	633	12	피부톤	284	21	spf	199
3	메이크업	505	13	화장	256	22	주름개선	166
4	자외선	468	14	얼굴	249	23	커버력	166
5	미백	462	15	발림성	231	24	출장	164
6	수분	385	16	기능성	229	25	느낌	164
7	자외선차단	370	17	주름	228	26	데일리	158
8	협찬	349	18	개선	222	27	트러블	136
9	효과	343	19	광채	218	28	저자극	112
10	성분	322	20	추출물	211	29	문자	112
						30	기능	111

▲ 톤업크림 연관어

좌측의 [속성] 카테고리를 선택하고 1~30위까지 연관어를 살펴보
겠습니다. 연관어를 통해 소비자들이 톤업크림을 선택할 때 고려하거
나 우선시하는 사항들을 예측해볼 수 있습니다. 순위권에 있는 결과로
보면 피부, 화장, 피부결 등의 속성을 고려하고 미백, 수분, 주름, 자외
선차단 등의 기능을 우선시한다는 것을 알 수 있습니다.

시장조사를 통해 잠재고객인 소비자들의 이러한 요구 사항들을 잘
반영해서 제품 개발 기획이나 마케팅을 진행한다면 판매 성과를 높이
고 시행착오를 줄여갈 수 있습니다.

▲ 장소 카테고리

이번에는 [장소] 카테고리를 선택하고 결과를 살펴보겠습니다. 순위
권에 가장 많이 보이는 곳은 올리브영과 병원, 슈퍼 등이 있습니다. 톤
업크림을 구매하는 장소로 올리브영의 선호도가 높고, 병원에 있을 때
나 슈퍼에 갈 때 주로 톤업크림을 이용하기 때문인 것으로 예상됩니다.

▲ 감성 연관어

　감성어 변화 분석 결과를 살펴보겠습니다. 소비자들이 톤업크림에 대해서 생각하고 있는 느낌은 '좋다, 자연스러운, 화사한' 등의 긍정적인 키워드가 대부분을 차지하고 있습니다.

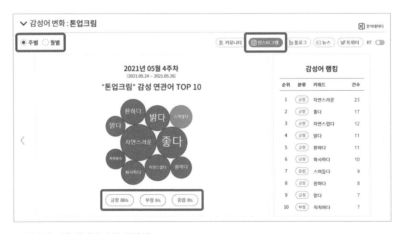

▲ 인스타그램 채널의 감성 연관어

이번에는 분석 기간을 주별로 설정하고 인스타그램 채널의 분석 결과를 보겠습니다. 앞서 볼 수 없었던 '칙칙하다' 등의 부정적인 키워드도 확인할 수 있습니다.

시장조사를 하는 공급자 입장에서는 어느 정도 짐작할 수 있는 제품에 대한 긍정적인 측면보다 오히려 부정적이거나 중립적인 키워드가 훨씬 중요할 수 있습니다. 부정적인 측면으로 꼽히는 기능이나 요구 사항을 개선해서 새로운 제품을 출시하거나 마케팅 활동에 반영하면 매출에 도움이 되기 때문입니다.

▲ 수집 채널별 원문 보기

해당 키워드에 대한 각 수집 채널별 원문도 확인할 수 있습니다. 원문 리스트를 선택하면 해당 채널로 이동해서 실제의 원문 콘텐츠도 직접 볼 수 있습니다.

✅ 평판 분석

다음으로는 소셜 분석의 두 번째 메뉴인 [평판 분석]을 활용해보겠습니다.

▲ 평판 분석

평판 분석에서는 특정 브랜드, 제품, 인물, 장소 등에 대한 전반적인 인식과 함께 긍부정 평가 요인들을 확인할 수 있습니다.

▲ 비비크림 평판 분석

검색창에 '비비크림' 키워드를 입력하고 3개월 기간 선택 후 [분석하기]를 누릅니다.

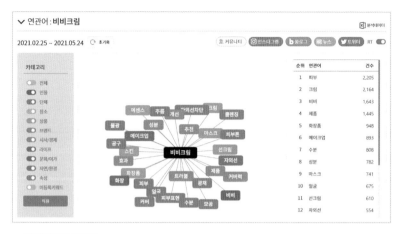

▲ 카테고리별 연관어

키워드를 중심으로 카테고리별 연관어를 확인할 수 있습니다. 소비자들이 비비크림을 언급할 때 가장 많이 연관 짓는 단어는 피부, 크림, 비비, 제품, 화장품 등이 있습니다.

▲ 비비크림 연관어

비비크림은 '원하다, 좋다, 자연스러운' 등의 긍정적인 감성 연관어가 62%로 가장 많은 것을 알 수 있습니다. 해당 파이 그래프에 마우스를 올려두면 총 연관어 건수를 확인할 수 있습니다.

▲ 비비크림 부정 연관어

파이 그래프에서 부정 부분을 클릭하면 부정적인 감성 연관어들만 별도로 확인할 수 있습니다. 소비자들이 비비크림에 대해 부정적으로 생각하는 부분은 '부작용, 칙칙하다, 답답하다' 등임을 알 수 있습니다.

✅ 비교 분석
이번에는 2개의 키워드에 대한 관심도, 연관어, 감성어를 비교해볼 수 있는 비교 분석을 진행해보겠습니다.

▲ 비교 분석

　두 검색창에 각각 '톤업크림'과 '비비크림'을 입력하고 분석 기간을
3개월로 선택한 후 [분석하기]를 누릅니다.

▲ 키워드 입력

　두 키워드에 대한 언급량 추이를 최근 3개월 기준으로 월별로 살
펴볼 수 있습니다. 수집 채널별 연관어나 원문들을 살펴보면서 해당
기간 동안 두 제품에 대한 내외부 이슈들을 한번 체크해보는 것도 시
장조사에 도움이 될 것입니다.

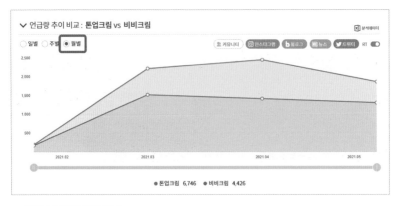

▲ 키워드 언급량 추이 비교

두 제품에 대한 연관어 맵도 확인할 수 있습니다. 카테고리별, 수집 채널별로 선택해서 결과를 분석해보면 두 제품에 대한 소비자들의 인식과 속성을 비교해볼 수 있고 의미 있는 이슈를 발견할 수도 있습니다.

▲ 연관어 맵

두 제품에 대한 긍부정 감성어를 비교해보겠습니다. 긍부정 파이 그래프에서 톤업크림은 긍정, 비비크림은 부정을 눌러 해당 감성어들만 나열해서 확인할 수 있습니다. 각 수집 채널별로도 긍정이나 부정에 대한 감성어들을 서로 비교하면서 의미 있는 결과를 찾아보기 바랍니다.

▲ 긍부정 감성어 비교

빅카인즈

빅카인즈는 한국언론진흥재단에서 운영하는 뉴스 빅데이터 분석 사이트입니다. 국내 대부분의 언론사 뉴스를 분석해주는 서비스를 제공하고 있어 아이템이나 시장 현황을 알아볼 때 유용합니다.

우선 빅카인즈(www.kinds.or.kr)에서 회원가입을 진행합니다.

▲ 뉴스 검색·분석

빅카인즈에서 [뉴스 분석>뉴스 검색·분석] 메뉴를 선택합니다.

▲ 뉴스 검색창에 키워드 검색

뉴스 검색창에 '톤업크림'을 입력하고 기간은 1년으로 설정한 뒤 [적용하기] 버튼을 누릅니다.

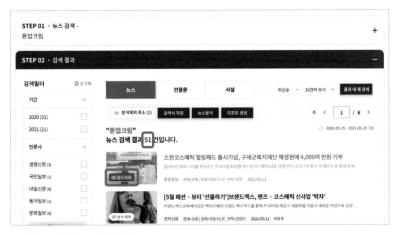

▲ 키워드 관련 뉴스 검색 결과

  톤업크림과 관련된 뉴스를 확인할 수 있습니다. 필요하다면 검색
필터를 이용하거나 분석 제외 등의 기능을 사용할 수 있습니다. 해당
키워드와 관련된 뉴스, 인용문, 사설 등도 개별 분석이 가능합니다.

  뉴스 검색 결과 상단에 검색식 저장, 뉴스 분석, 리포트 생성 메뉴
가 있습니다. [뉴스 분석]을 선택해보겠습니다.

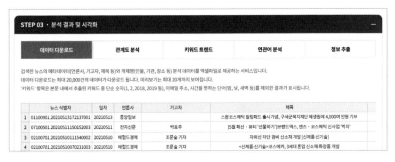

▲ 분석 결과 및 시각화

분석 결과 및 시각화 과정에서는 데이터 다운로드, 관계도 분석, 키워드 트렌드, 연관어 분석, 정보 추출 등의 작업을 진행할 수 있습니다.

▲ 엑셀 파일로 다운받은 데이터

검색된 뉴스 데이터들을 웹상에서 볼 수도 있고, 필요하다면 하단의 [엑셀 다운로드] 버튼을 눌러 엑셀 파일로 다운받아 별도의 분석 작업에 활용할 수도 있습니다.

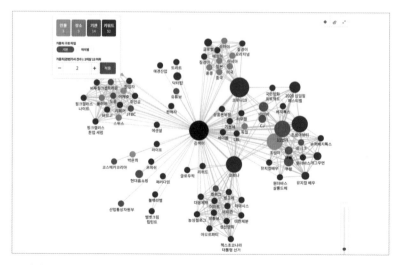

▲ 관계도 분석

[관계도 분석] 결과입니다. 분석 뉴스에서 추출된 개체명(인물, 장소, 기관, 키워드) 사이의 연결 관계를 네트워크 형태로 시각화한 서비스입니다.

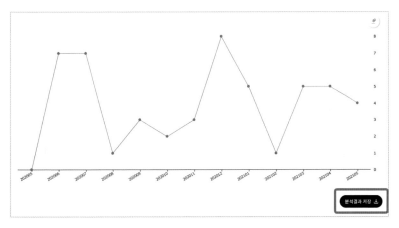

▲ 키워드 트렌드

[키워드 트렌드]에서는 검색된 뉴스 건수를 일간, 주간, 월간, 연간 그래프로 확인할 수 있으며 분석 결과 데이터를 엑셀 파일로 저장할 수도 있습니다.

▲ 연관어 분석

[연관어 분석]은 검색 결과 뉴스와 연관성이 높은 키워드를 시각화해 보여주는 서비스입니다. 워드클라우드나 막대그래프 형식으로 확인할 수 있습니다.

빅카인즈 서비스를 통해서 본인이 원하는 아이템이나 시장 현황을 뉴스 기사로 검색하고 분석해 의미 있는 결과를 찾아내거나 보고서 작성에 활용해보기 바랍니다.

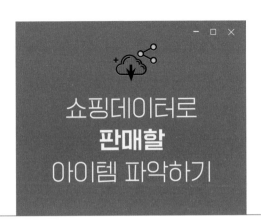

쇼핑데이터로 **판매할** 아이템 파악하기

요즘은 대부분의 제품이 온라인으로 유통되고 있기 때문에 본인이 기획하고 있는 아이템과 유사한 제품의 시장 규모나 상품 수, 경쟁률, 가격 등을 온라인 쇼핑데이터를 통해서 미리 예측해볼 수 있습니다. 쇼핑데이터를 확인하는 도구 몇 가지를 살펴보겠습니다.

키워드 도구

네이버에서 검색 광고를 진행할 때 이용하는 네이버 광고 시스템의 [키워드 도구]를 활용해서 특정 아이템의 연관 키워드와 월간 검색 수, 월평균 클릭 수 등을 확인해보겠습니다.

네이버 광고 시스템(searchad.naver.com)으로 접속합니다. 검색광고 회원이 아니라면 신규 회원가입을 진행하면 됩니다.

▲ '키워드 도구' 선택

광고 시스템에서 [도구>키워드 도구]를 선택합니다.

연관키워드 조회 기준 원하는 기준으로 '파워링크 캠페인'의 연관키워드를 조회하세요.(다중선택 가능)				
☑ 키워드	노트북가방	☐ 웹사이트	체크 후 선택하세요 ∨	☐ 시즌 월
		☐ 업종	체크 후 선택하세요 ∨	☐ 시즌 테마
		조회하기		

▲ 키워드 조회

키워드에 '노트북가방'을 입력하고 조회하기 버튼을 누릅니다. 필요하다면 웹사이트, 업종, 시즌 월, 시즌 테마 옵션을 활용할 수도 있습니다.

연관키워드 조회 결과 (1000개)

전체추가	연관키워드 ② ⇕	월간검색수 ②		월평균클릭수 ②	
		PC ⇕	모바일 ⇕	PC ⇕	모바일 ⇕
추가	노트북가방	10,400	44,200	67.5	681.4
추가	요가매트	20,200	136,300	168.8	3,551.6
추가	탐탁	1,450	2,360	12.8	81.2
추가	필라테스양말	2,820	22,900	52.8	980.7

▲ 연관 키워드 조회 결과

　노트북가방과 관련된 연관 키워드가 나오고 해당 키워드들의 월간 검색 수, 월평균 클릭 수, 월평균 클릭률, 경쟁 정도, 월평균 노출 광고 수 등을 확인할 수 있습니다. 그런데 연관 키워드에 요가매트, 필라테스양말 등 노트북과 크게 관련이 없는 키워드들도 같이 나타나므로 필터링을 진행해보겠습니다.

▲ 필터 만들기

　오른쪽에 있는 [필터＞필터 만들기]를 누르고 '노트북' 키워드를 적용합니다.

연관키워드 조회 결과 (152 / 1000개)

연관키워드 | 포함 | 노트북 ✕ ＋ 추가 🖬 필터 저장

전체추가	연관키워드 ⑦ ◆	월간검색수 ⑦	
		PC ◆	모바일 ◆
추가	노트북가방	10,400	44,200
추가	15인치노트북파우치	3,810	17,500
추가	노트북파우치	17,100	74,500

▲ 필터링된 연관 키워드

이번에는 노트북가방과 관련 있는 연관 키워드만 나오는 것을 확인할 수 있습니다. 개별 연관 키워드에 대한 검색 수 추이나 사용자 통계를 확인하려면 해당 키워드를 클릭합니다.

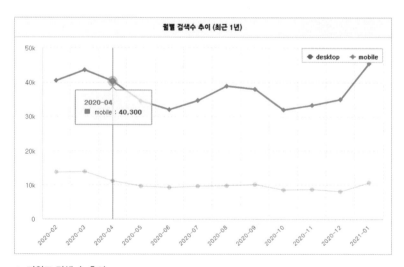

▲ 키워드 검색 수 추이

최근 1년간 키워드의 검색 수 추이를 PC와 모바일로 구분해서 확인할 수 있습니다.

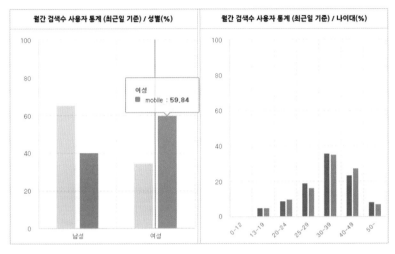

▲ 키워드 검색 수 통계

키워드에 대한 월간 검색 수 사용자를 성별이나 나이대별로 비교해 확인할 수도 있습니다.

▲ 키워드 예상 광고비 확인

노트북가방 키워드에 대한 월간 예상 광고비를 확인해보겠습니다. 연관 키워드에서 해당 키워드를 추가하고 [월간 예상 실적 보기]를 선택합니다.

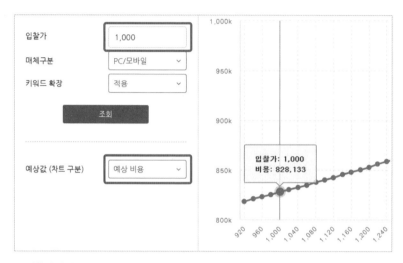

▲ 입찰가 설정

	키워드	입찰가	예상 노출수	예상 클릭수	예상 평균클릭비용	예상 비용
✓	노트북가방	1,000	51,357	1,104	750	828,133 원

▲ 입찰가와 예상 비용 확인

입찰가를 1천 원으로 설정하고 예상 비용을 선택합니다. 입찰가를 기준으로 월간 예상 노출 수, 예상 클릭 수, 예상 평균 클릭 비용, 예상 광고 비용을 확인할 수 있습니다.

아이템스카우트

온라인 쇼핑데이터를 활용해서 아이템 발굴에 필요한 시장의 수요와 공급을 파악하고 관심 상품의 검색량 상품 수, 경쟁률 등을 살펴보겠습니다. 여러 솔루션들이 있지만 가장 많은 사람들이 사용하고 다양한 기능을 제공하고 있는 '아이템스카우트'를 소개하고자 합니다. 대부분의 데이터는 네이버 키워드 광고, 데이터랩, 쇼핑 등에서 수집해 제공합니다.

✓ 아이템 발굴

아이템스카우트 사이트(www.itemscout.io)에 접속합니다.

▲ 아이템 발굴 메뉴

[아이템 발굴] 메뉴를 선택하고 카테고리에서 1차 분류와 기간을 선택한 후 [적용하기] 버튼을 누릅니다. 1차 분류는 '스포츠/레저'로 설정해보겠습니다.

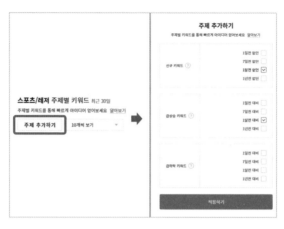

▲ 주제 추가하기

[주제 추가하기]에서는 신규 키워드, 급상승 키워드, 급하락 키워드의 옵션들을 선택할 수 있습니다.

	랭킹	검색수	경쟁강도
신규 키워드 (1달전 없던)			
키워드			
빙어낚시대	78	36,240	0.48
카약	161	40,800	2.81
필라테스양말	183	30,260	2.36
모닥베오르크	220	30,360	-

▲ 신규 키워드 리스트

1달 전 없던 신규 키워드 리스트와 랭킹, 검색 수, 경쟁 강도를 살펴볼 수 있습니다. 새로 진입한 신규 키워드는 최근 관심을 받고 있는 키워드이기 때문에 그 이유를 한번 생각해봐도 좋습니다. '빙어낚싯

대' 같은 경우는 계절성이 있는 키워드이며, '필라테스양말'은 최근 소
비 트렌드를 반영하는 키워드일 수 있습니다.

▲ 급상승 키워드

1달 전 대비 급상승 키워드를 볼 때도 마찬가지로 시즌이나 이슈
를 체크해보면 좋습니다. 키워드 앞에 있는 별 모양을 누르면 해당 상
품을 즐겨찾기 해둘 수 있습니다.

☆	↑ 순위	키워드	↕ 대표 카테고리	↕ 총 검색수	↕ 상품수
☆	1	등산화	등산화	132,600	1,254,439
☆	2	디스커버리롱패딩	점퍼	140,600	5,264
☆	3	롱패딩	점퍼	185,300	1,493,464

스포츠/레저 인기 키워드 Top 500 최근 30일

브랜드 제거   필터   ▼

▲ 인기 키워드

분야별 인기 키워드 500위도 확인할 수 있습니다. 검색 결과에 나오는 순위, 키워드, 카테고리, 검색 수, 상품 수 등은 네이버의 데이터랩, 키워드 광고, 쇼핑 서비스의 데이터를 기반으로 합니다. 필요할 경우 아이템 소싱에는 크게 도움되지 않는 브랜드 상품을 제거하거나 필터 기능을 활용해서 나에게 맞는 상품을 찾아볼 수 있습니다.

경쟁강도	평균 광고클릭수	광고 클릭 경쟁률	클릭대비 광고비
보통 9.46	2,025.6	아주나쁨 619.29	아주좋음 0.17
아주좋음 0.04	2,514.0	아주좋음 2.09	아주좋음 0.08
보통 8.06	776.4	아주나쁨 1,923.58	좋음 0.95

▲ 경쟁 강도 파악

총 검색 수 대비 상품 수를 기준으로 해당 상품의 경쟁 강도를 파악할 수 있고 쇼핑 광고를 진행할 경우에는 평균 광고 클릭 수, 경쟁률, 광고비 등도 조사해볼 수 있습니다.

✅ 키워드 분석

이번에는 특정 상품의 시장 동향, 세부 지표, 연관 키워드를 파악할 수 있는 [키워드 분석] 메뉴를 살펴보겠습니다.

▲ 키워드 분석

[키워드 분석] 메뉴를 선택하고 검색창에 '필라테스양말'을 입력합니다.

▲ 상품 개요

필라테스양말에 대한 개요를 살펴보겠습니다. '네이버, 네이버 쇼핑, 쿠팡, 1688' 등의 채널명을 클릭하면 해당 채널의 상품 목록을 바로 확인할 수 있습니다.

상품수	66,759 개	⑦ Top 40	6개월 매출	49,957 만원	6개월 판매량	140,177 개	평균 가격	5,200 원
한 달 검색수	44,380 회							
검색 비율	모바일 90% PC 10%	Top 80	6개월 매출	54,832 만원	6개월 판매량	149,289 개	평균 가격	5,000 원

▲ 상품 데이터

필라테스양말에 대한 네이버 쇼핑의 상품 수, 키워드 검색 수, 검색 비율을 알 수 있고, 상위 노출 상품들의 대략적인 6개월 매출 및 판매량, 평균 가격 등을 파악할 수 있습니다.

| 좋음
상품 종합 지표
⑦ | 경쟁강도
1.50 아주좋음
상품수 66,759개
÷ 검색수 44,380회 | 실거래상품 비율
93% 아주좋음 | 묶음상품 비율
20% 좋음 | 해외상품 비율
0% 아주나쁨 | 1년 내 게시 비율
53% 나쁨
1개월 0%, 6개월 28% |
| 좋음
광고 종합 지표
⑦ | 광고클릭률
4.37% 아주좋음
PC 1.79%
MOBILE 4.66% | 클릭경쟁률
36.07 보통
상품수 66,759개
÷ 클릭수 1,851회 | 가격대비 광고비
0.13 나쁨
광고비 650원
÷ 평균가 5,034원 | 클릭대비 광고비
0.35 아주좋음
광고비 650원
÷ 클릭수 1,851회 | |

▲ 다양한 광고 지표

필라테스양말이라는 상품은 상품 종합 지표와 광고 종합 지표가 둘 다 좋다는 것을 확인할 수 있습니다. '상품 종합 지표'에서는 경쟁 강도, 실거래상품 비율, 묶음상품 비율 등이 좋고, '광고 종합 지표'에서는 광고 클릭률과 클릭 대비 광고비가 좋습니다. 다만 이러한 수치들은 판매 중인 상품들의 몇 가지 데이터를 통해 평균적으로 도출한 값이므로 실제로 직접 아이템을 출시해서 광고를 했을 경우 반드시 결과가 좋을 것이라고 확신할 수는 없습니다.

▲ 다양한 키워드 지표

네이버에서 키워드를 검색했을 때 경쟁 강도가 어떠한지를 파악
해 각 채널별로 콘텐츠 종합 지표를 보여줍니다. 또한 해당 키워드를
정보를 얻기 위해서 검색하는지 쇼핑을 위해 검색하는지를 판단해 유
형별로 분류해줍니다. 쇼핑성, 정보성, 쇼핑성&정보성 유형으로 나뉩
니다.

▲ 키워드 데이터 그래프 생성

해당 상품 키워드의 검색 수, 클릭 트렌드, 상품 수, 경쟁 강도를
그래프로 확인해보기 위해서 기간을 설정하고 [적용하기] 버튼을 누
릅니다.

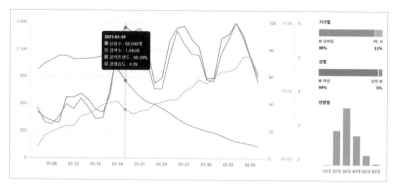

▲ 키워드 그래프

선택한 기간별로 키워드의 검색 수와 광고 상품의 클릭 수 등의 추이를 나타내는 그래프가 생성됩니다. 기기별, 성별, 연령별 파악도 가능합니다.

↑ 순위	추적	이미지	상품명	↕ 카테고리	↕ 판매처	↕ 셀러등급	↕ 가격
1			[12컬러] 국내제작 필라테스...	기타요가용품	N 고요삭스	빅파워	3,500원
2			토삭스 필라테스 양말 요가 ...	기타요가용품	N 호스커스	빅파워	1,500원
3			필라테스 양말 토삭스 요가 ...	기타요가용품	N 호스커스	빅파워	3,900원

개요 ?   상품 목록 ?   연관 키워드 ?

보기옵션

▲ 상품 목록

키워드 분석 메뉴에서 [상품 목록]을 선택하면 현재 판매 중인 필라테스양말 상품의 목록을 순위별로 보여줍니다. 상품 앞쪽에 있는 추적 버튼을 활성화하면 실제 판매 중인 상품 페이지로 이동할 수 있어 상품 정보를 직접 확인해볼 수 있습니다.

보기 옵션
목록에 보여지는 컬럼을 선택/해제 할 수 있습니다.   초기화 ⓘ

☑ 카테고리	☑ 판매처	☑ 셀러등급	☑ 가격	☑ 배송비
☑ 판매량(7일)	☑ 예상매출(7일)	☑ 찜	☑ 리뷰(전체)	☑ 리뷰(1년)
☐ 리뷰(1달)	☐ 리뷰(2주)	☐ 평점	☐ 등록	☐ 판매처 수

선택 완료

▲ 보기 옵션

　[보기 옵션]을 이용하면 목록에 보이는 항목을 직접 선택해서 이용할 수 있습니다.

쇼핑 플랫폼

본인이 조사 중인 아이템이나 경쟁 상품의 인기도와 최신 트렌드를 확인하고 싶다면 여러 쇼핑 플랫폼을 살펴보는 게 좋습니다. 국내외를 불문하고 유명 쇼핑 플랫폼에는 베스트 상품 코너나 기획전 코너를 마련해두고 있습니다.
　트렌드를 파악하는 데 도움이 될 만한 대표적인 쇼핑 플랫폼 몇 군데를 소개해드립니다.

▲ 네이버의 BEST100 코너

　　네이버 쇼핑의 BEST100 코너에서는 각 카테고리별로 인기 상품, 인기검색어, 인기 브랜드, 인기 쇼핑몰들을 순위별로 확인할 수 있습니다.

▲ 쿠팡 기획전

　　쿠팡 기획전에서는 소비자의 선호도 데이터를 기반으로 트렌드 상품이나 시즌별 기획 상품들을 선보이고 있습니다.

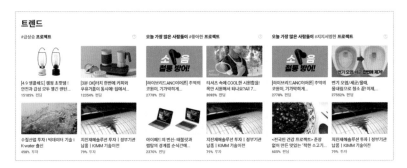

▲ 와디즈의 트렌드 코너

일반적인 쇼핑 플랫폼 외에도 와디즈, 텀블벅, 카카오메이커스 등의 크라우드펀딩 사이트에서도 상품 카테고리별로 기획전과 트렌드 코너를 마련해두고 있습니다. 특히 크라우드펀딩 사이트에는 기존에 나와 있는 기성품이 아닌 소비자들의 요구가 반영되고 개선된 상품들이 많기 때문에 같이 한번 살펴볼 필요가 있습니다.

쇼핑데이터를 파악할 수 있는 키워드 도구 및 솔루션과 각 플랫폼의 베스트 코너를 활용해서 특정 아이템에 대한 전반적인 시장의 동향을 파악하거나 아이템 발굴, 키워드 분석, 가격 조사 등을 진행하는 방법을 알아보았습니다. 이를 바탕으로 사업계획서나 보고서 작성에 활용해보기 바랍니다.

●○○

김민주

1인기업 '매드킨' 대표

간단한 자기소개를 부탁드립니다.

안녕하세요. 저는 해외 패션제품을 수입해 판매하다가 최근에는 화장품 및 모자 등 자체 상품을 개발해 판매하고 있는 1인기업의 대표 김민주입니다.

사업 초기부터 온라인 시장조사를 해오셨나요?

어렸을 때 부모님을 따라 해외에 거주하며 여러 지역을 다니던 것이 계기가 되어 자연스럽게 수입 판매 일을 시작하게 되었어요. 다양한 경험과 넓은 시야가 도움이 되었는지, 눈에 보이는 대로 하고 싶은 대

로 일을 시작했는데 다행히 잘되었어요. 시장조사라는 개념은 최근에
서야 알게 되었습니다.

온라인 시장조사가 왜 필요하다고 생각하나요?

사업이란 게 그동안 쌓아온 노하우나 경험 혹은 운으로 한 번은 잘될
수도 있다고 생각해요. 그러나 잘된 일을 계속 유지하고 또 확장해가
는 것은 굉장히 어렵게 느껴졌어요. 소비자들의 니즈는 어느 정도 충
분히 해결했다는 생각이 들었고, 제가 모르는 새로운 니즈가 궁금해지
기 시작했습니다.

지인이 온라인 시장조사 방법을 알려준 덕에 다행히 혼자서도 시장에
대해 충분히 살펴보고 점검할 수 있었습니다. 시장조사를 함으로써 고
객들에게 어떠한 부분을 더 채워줄 수 있을지, 어떠한 불편함을 해결
해줄 수 있을지 등 나아가야 할 방향을 수월하게 정할 수 있었습니다.

앞으로 온라인 시장조사를 어떻게 활용할 계획이신가요?

온라인 시장조사와 빅데이터 분석을 바탕으로 자체 상품을 개발하는
과정에서 제 상품이 어떤 면에서 더 우수할 수 있을지, 어떻게 하면 다
른 차원의 가치를 제공할 수 있을지를 고민하고자 합니다. 그뿐만 아
니라 시장 현황을 잘 파악해서, 애초에 저와 같은 1인사업자가 뛰어들

기에 제일 유리한 시장을 골라 진입하는 것이 중요할 것 같습니다. 그래서 요즘은 일을 하면서도 시장조사에 대한 공부를 하는 데 시간을 많이 할애하고 있습니다.

1인기업에게 시장조사란 어떤 의미가 있나요?

시장조사를 하다 보니 고객의 취향이 점점 세분화된다는 사실을 알게 되었습니다. 1인기업은 몸집이 작기 때문에 세분화된 작은 시장에 대응할 수 있고, 그 시장에서만큼은 제일가는 기업이 될 수도 있다고 생각합니다. 따라서 1인기업일수록 빅데이터를 분석하고 활용하는 일을 자유자재로 할 수 있는 능력이 필요합니다. 온라인 시장조사 능력이 앞으로 사업을 지속하고 성장시키는 데 중요한 요소이자 관건이지 않을까 싶습니다.

‑ 고객 반응을 알 수 있는 온라인 리뷰 : 포털 리뷰, SNS 반응, 쇼핑 후기

‑ 댓글과 후기를 정리해주는 솔루션 : 스파이더킴, 랜인투로켓, 더 팬케익, 소머즈, 해시태그LAB

‑ 잠재고객의 의견을 확인하는 온라인 설문조사 : 구글 폼, 오픈서베이

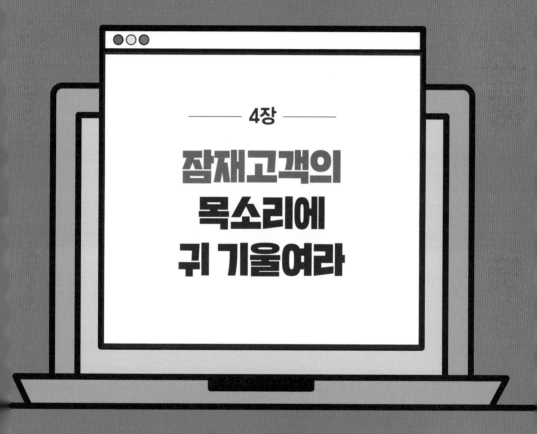

4장

잠재고객의
목소리에
귀 기울여라

고객 반응을
알 수 있는
온라인 리뷰

우리 회사의 아이템이나 경쟁사 제품에 대한 잠재고객의 반응을 알 아보기 위해서는 온라인에 있는 고객들의 후기와 댓글 등의 흔적을 잘 파악하는 것이 중요합니다. 잠재고객들이 많이 이용하는 포털이나 SNS 반응을 확인하고, 특정 분야의 커뮤니티에서 고객 반응을 조사 하는 방법을 알아보겠습니다.

포털 리뷰

고객 반응이 궁금한 특정 아이템을 네이버 포털에 검색해보겠습니다.

무선이어폰 '갤럭시 버즈 프로'를 검색합니다.

▲ 포털에 키워드 검색

검색 탭에서 [VIEW]를 누르고 블로그를 선택합니다. 해당 아이템에 대해 리뷰한 블로그 포스팅을 확인할 수 있습니다. 물론 이 중에는 제품 협찬이나 광고성 포스팅도 다수 포함되어 있겠지만, 대부분 직접 사용해보고 작성한 리뷰이기 때문에 고객들의 실제 반응을 확인할 수 있습니다.

블로그 포스트 중에서 특정 게시물을 누르고 해당 글에 달린 댓글을 살펴보겠습니다. 댓글은 리뷰 내용과 제품에 대한 각자의 경험과 의견을 남겨둔 곳이라 포스트 글보다는 좀 더 객관적이고 개인적인 다양한 고객 반응들을 살필 수 있습니다.

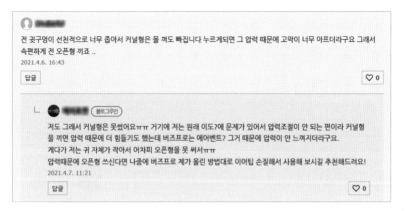

전 귓구멍이 선천적으로 너무 좁아서 커널형은 물 껴도 빠집니다 누르게되면 그 압력 때문에 고막이 너무 아프더라구요 그래서 속편하게 전 오픈형 끼죠 ..

2021.4.6. 16:43

답글   ♡ 0

└ ●〇〇〇〇 블로그주인

저도 그래서 커널형은 못썼어요ㅠㅠ 거기에 저는 원래 이도?에 문제가 있어서 압력조절이 안 되는 편이라 커널형을 끼면 압력 때문에 더 힘들기도 했는데 버즈프로는 에어벤트? 그거 때문에 압력이 안 느껴지더라구요.
게다가 저는 귀 자체가 작아서 어차피 오픈형을 못 써서ㅠㅠ
압력때문에 오픈형 쓰신다면 나중에 버즈프로 제가 올린 방법대로 이어팁 손질해서 사용해 보시길 추천해드려요!

2021.4.7. 11:21

답글   ♡ 0

▲ 블로그 댓글 확인

이번에는 특정 주제에 대해 관심 있는 사람들이 모여서 소통하고 콘텐츠를 생산하는 카페에서 고객들의 반응을 살펴보겠습니다. 네이버 카페 검색창에서 '갤럭시 버즈 프로'를 검색하고 해당 주제의 대표 카페로 접속합니다.

▲ 카페에서 키워드 검색

해당 카페의 제품 후기 게시판에서 아이템을 검색하면 관련 리뷰를 확인할 수 있고 리뷰에 달린 다양한 댓글 반응도 살펴볼 수 있습니다. 카페에 따라서 가입이 필요하거나 가입 후 일정 등급 이상이 되어야만 확인이 가능한 경우도 있으니 참고하기 바랍니다.

▲ 카페의 제품 후기 게시판

▲ 지식인에 키워드 검색

네이버 지식인(지식iN) 서비스도 고객 반응을 살펴보기에 좋은 채널입니다. 기존 고객들이 제품을 구매하고 사용하다 궁금한 사항이 있거나, 잠재고객들이 제품을 구매하기 전에 경험자들에게 질문을 하는 곳이기 때문에 고객들의 필요 사항과 불편 사항을 간접적으로 알아볼 수 있습니다.

SNS 반응

소비자들이 검색만큼이나 많이 이용하고 있는 SNS도 잠재고객의 반응을 실시간으로 살펴보기에 더없이 좋은 채널입니다. 트위터, 인스타그램, 유튜브에서 특정 아이템을 검색하고 고객 반응을 살펴보겠습니다.

▲ 트위터에 키워드 검색

트위터에 접속해서 '에어팟프로'를 검색해보았습니다. 관련 사진과 함께 짧게 적어둔 리뷰와 그에 달린 댓글 등을 통해 제품에 대한 반응을 살펴볼 수 있습니다.

▲ 인스타그램에 키워드 검색

인스타그램에서 해시태그로 '에어팟프로'를 검색하면 무려 18만 개 이상의 게시물이 있습니다. 대부분의 게시물이 직접 구매해서 사용해보거나 경험을 공유하는 내용들이라서 본문과 답글 또는 해시태그를 통해 현실적인 후기와 실제 고객들의 반응을 살펴볼 수 있습니다.

유튜브에서는 해당 분야의 전문성을 갖추고 있거나 영향력 있는 유튜버들의 리뷰 영상을 확인할 수 있습니다. 또한 댓글과 답글을 통해서 공급자는 잘 알지 못했던 고객들의 반응과 경험 인사이트를 찾아볼 수도 있습니다.

▲ 유튜브에서 키워드 검색과 댓글 확인

쇼핑 후기

특정 아이템이나 브랜드 제품에 대한 실제 구매자들의 반응을 가장
먼저 확인해볼 수 있는 곳은 쇼핑 사이트의 평점과 구매 후기입니다.
국내의 대표적인 쇼핑 사이트 몇 곳을 통해 소비자 반응을 살펴보겠
습니다.

✅ 네이버 쇼핑

네이버 쇼핑에서 '노트북가방'을 검색하고 특정 상품을 선택해보겠습니다.

▲ 네이버 쇼핑에 키워드 검색

상품 상세페이지에서 [쇼핑몰리뷰]를 선택해보면 사용자 총 평점, 전체 리뷰 수, 평점 비율 등을 확인할 수 있습니다.

▲ 쇼핑몰 리뷰

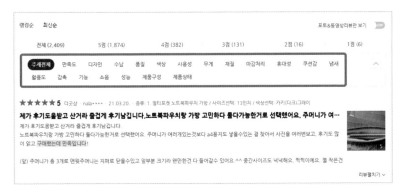

▲ 주제별 리뷰 확인

해당 상품에 대한 고객들의 상세한 리뷰를 통해 고객 반응을 살펴볼 수 있습니다. 평점별 리뷰를 따로 볼 수 있고 만족도, 디자인, 색상 등의 주제별 리뷰 확인도 가능합니다.

✅ 쿠팡

이번에는 쿠팡에서 '노트북가방'을 검색하고 특정 상품을 선택한 후 상세페이지에서 상품평 메뉴를 선택해보겠습니다.

▲ 쿠팡에 키워드 검색

긍정 상품평과 비판 상품평 BEST를 확인할 수 있습니다. 각 쇼핑 채널마다 상품평을 작성하면 포인트 등의 혜택을 주고 있기 때문에 상품 자체나 서비스에 특별한 문제만 없다면 대부분 긍정적으로 작성해 줍니다. 또한 긍정적인 부분은 대체로 공급자도 이미 알고 있거나 예상이 가능한 내용입니다. 따라서 유용한 고객 반응을 조사하기 위해서는 오히려 비판적인 상품평을 더 중요하게 살펴봐야 합니다. 고객의 불만 사항을 잘 체크해서 제품이나 서비스를 개선해볼 수 있기 때문입니다.

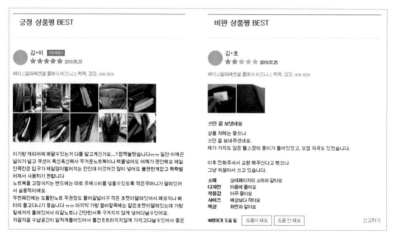

▲ 긍정 상품평과 비판 상품평 BEST

네이버 쇼핑이나 쿠팡처럼 모든 분야를 아우르는 쇼핑 플랫폼 외에도 특정 분야만 다루는 쇼핑몰이나 커뮤니티도 있습니다. 예를 들어 화장품 분야에는 고객 후기를 기반으로 하는 '화해'라는 앱이 있습니다. 화장품은 사용자의 피부 타입, 브랜드, 성분, 색상 등 워낙 다양한

▲ '화해'의 화장품 후기

선택 기준이 적용되는 분야라서 상품 구매 시 기존 사용자들의 경험 후기가 더욱 중요하게 작용합니다. 화해는 사용자들의 리뷰를 기반으로 하고 있어서 해당 상품에 대한 장단점을 파악하기 쉬우며 디테일한 고객 맞춤 필터링 기능도 제공하고 있습니다.

댓글과 후기를
정리해주는 솔루션

앞에서는 고객의 반응을 직접 찾아보는 방법을 알아보았습니다. 고객
들의 반응을 이렇게 일일이 찾아보는 것은 번거로운 작업이긴 하지만
리뷰의 내용을 파악하고 인사이트를 찾아내기에는 가장 확실한 방법
이기도 합니다.

　이처럼 공급자가 직접 진행하는 방식 외에 고객 반응을 모니터링
하고 분석하는 솔루션들이 여럿 출시되어 있습니다. 하지만 대부분 이
용료가 비싸거나 내가 원하는 기능을 제공하는 맞춤 상품을 찾기가 쉽
지 않습니다. 그중에서 무료로 이용할 수 있거나 약간의 비용을 들여
서 원하는 일부 기능만 이용할 수 있는 솔루션을 몇 개 살펴보도록 하
겠습니다.

스파이더킴

'스파이더킴'은 별도의 코딩 없이도 웹상의 원하는 데이터를 수집하고 파일로 저장할 수 있는 서비스입니다.

▲ 스파이더킴 홈 화면

스파이더킴 사이트(www.spiderkim.com)에 접속하고 회원가입을 합니다.

▲ 스파이더킴 대시보드

스파이더킴에 로그인을 하고 관리자 대시보드로 접속합니다. 웹페이지 데이터를 무료로 수집하고 다운받을 수 있는 프로젝트를 3개까지 제공하고 있습니다.

데이터 수집을 하려면 추출 사이트의 URL이 필요합니다. 만약 네이버 블로그에 있는 '에어팟 프로' 관련 후기 글을 수집하고 싶다면 해당 키워드를 검색한 후 [VIEW>블로그]를 설정하고 주소창에서 URL을 복사합니다.

▲ 네이버에 키워드 검색 후 URL 복사

스파이더킴의 대시보드에서 [데이터수집] 메뉴를 누르고 검색창에 조금 전 복사했던 URL을 붙여넣은 후 [GO] 버튼을 누릅니다.

▲ URL 붙여넣기

데이터 수집 화면의 오른쪽 상단에 있는 작업 메뉴를 통해 추출 작업을 실행합니다. 작업 진행 여부는 아래쪽에서 확인이 가능하며 설정이 끝나면 [실행] 버튼을 눌러서 추출을 시작합니다.

▲ 데이터 추출 작업

▲ 페이지 추출

추출 메뉴 버튼의 조작은 몇 번 해보면 이해가 쉽지만 글로 설명하기엔 한계가 있으니 스파이더킴의 동영상 매뉴얼을 참고해서 직접 시도해보기 바랍니다.

	URL	카테고리	최종 실행	상태	다음 실행	결과물		
☐	https://search.naver.com/search....		2021-03-30 11:04	완료		EXCEL	CSV	JSON
☐	https://search.naver.com/search....		2021-03-30 10:58	완료		EXCEL	CSV	JSON

프로젝트 리스트

≡ 프로젝트 삭제   등록순 ▾

▲ 추출된 데이터 다운로드

추출 작업이 완료되면 대시보드 메뉴에서 확인할 수 있습니다. 추출된 데이터는 EXCEL, CSV, JSON 파일로 다운로드가 가능합니다. [EXCEL] 버튼을 눌러서 파일을 다운받아보겠습니다.

▲ 다운받은 데이터

　　다운받은 엑셀 파일을 열어보면 수집된 데이터를 확인할 수 있습니다. 스파이더킴 솔루션을 활용하면 데이터를 본인이 원하는 형식으로 다운받아 한 번에 확인하거나, 인사이트 분석에 활용할 수 있습니다.

　　다음으로 인스타그램, 페이스북, 유튜브, 블로그, 카페 등의 게시글에 달린 댓글을 수집해서 파일로 저장해주는 서비스 몇 가지를 소개하겠습니다. 필요할 경우 이용해보면 효율적인 고객 조사 업무에 도움이 됩니다.

랜인투로켓

랜인투로켓은 인스타그램, 블로그, 유튜브 등에 달린 댓글을 수집해주는 곳입니다. 무료 버전은 따로 없고 약간의 비용이 필요합니다. 랜인투로켓 사이트(rocket.raninto.co.kr)에 접속하고 회원가입을 진행합니다.

▲ 랜인투로켓 댓글 수집

네이버 댓글 수집을 원할 경우 해당 메뉴를 누르고 [댓글 수집 신청] 버튼을 눌러줍니다. 수집할 네이버 포스트, 블로그, 카페의 URL을 입력하고 비밀댓글 수집 여부를 체크합니다.

네이버 URL(포스트/블로그/카페)	https://m.blog.naver.com/rpxhfpdl0303/222284309342
비밀댓글수집여부	비밀댓글 수집 안함
댓글수	17
제목	잠실 보광스퀘어 선착순 준비(방이동 오피스텔 초치기 정보)
수집등록일	2021-03-23 오전 8:59:02
데이터	10개 수집완료 (비밀댓글은 신청하신 경우에만 수집됩니다. 답글의 답글은 수집되지 않습니다.)

목록

댓글 수집이 완료되었습니다.

댓글 저장(XLS) 댓글 저장(XML) 댓글 응모현황 저장

▲ 네이버 댓글 수집 결과

수집 작업을 마치면 URL, 댓글 수, 등록일 등의 정보를 확인할 수 있습니다. 수집된 댓글 데이터와 응모 현황을 엑셀 파일로 저장할 수 있습니다.

더 팬케익

더 팬케익은 인스타그램과 페이스북 댓글 수집, 페이지 메시지 수집, 사람들이 남긴 댓글과 좋아요를 기반으로 한 사용자 활동 평가 등의 기능을 제공합니다.

▲ 더 팬케익 사이트

댓글 수집은 25개까지 무료이고 그 이상은 별도의 비용이 필요합니다. 더 팬케익 사이트(www.thefancake.co.kr)에 접속하고 페이스북 계정을 연동해 사용하면 됩니다.

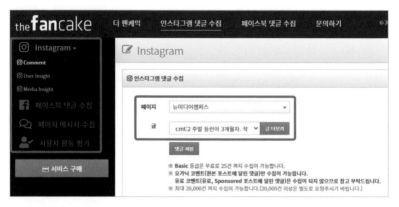

▲ 인스타그램 댓글 수집

　　[인스타그램 댓글 수집] 메뉴를 누르고 인스타그램 계정과 연동된 페이지를 선택합니다. 수집할 글 목록을 선택하고 [댓글 저장] 버튼을 누르면 수집 작업이 진행됩니다. 수집이 완료된 댓글은 엑셀 파일로 다운받거나 공유할 수 있습니다.

소머즈

소머즈는 소셜미디어 데이터를 수집하고 분석해서 시각화 콘텐츠로 보여주는 솔루션입니다. 유튜브 댓글 수집 서비스를 무료로 운영하고 있습니다. 소머즈(somers.taglive.net)에 접속하고 회원가입을 진행합니다.

▲ 소머즈 사이트

유튜브 댓글 수집을 진행하려면 해당 영상의 URL이 필요합니다. 유튜브에서 수집하고 싶은 영상을 선택하고 주소창에서 URL을 복사 합니다.

▲ 소머즈 수집 화면

소머즈 수집 화면에서 [New Campaign] 버튼을 선택하고 방금 전 복사한 유튜브 영상 URL을 붙여넣은 후 [크롤링 시작] 버튼을 누릅니다.

공개 댓글에서는 총 2만 5천 건 이하의 게시글 수집이 가능하고 수집된 댓글 데이터는 7일간 엑셀 파일로 다운받을 수 있습니다.

해시태그LAB

특정 아이템에 대한 리뷰와 댓글을 살펴보는 방법 외에도 인스타그램 해시태그 분석을 통해서 대략적인 고객 반응과 시장의 추이를 알 수 있습니다. 미디언스에서 서비스하고 있는 해시태그LAB 사이트(tag. mediance.co.kr)에 접속해서 태그를 분석해보겠습니다.

▲ 분석할 태그 입력

검색창에 분석할 태그 단어를 넣고 [분석시작] 버튼을 누릅니다. 태그 분석은 하루 5회까지 가능합니다.

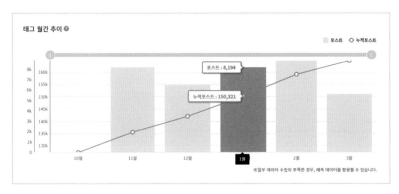

▲ 태그 월간 추이

　　포스트와 누적포스트의 숫자가 표기된 태그 월간 추이를 확인할
수 있고 태그 트렌드 분석을 통해 단기, 중기, 장기 등의 기간별 추이
도 파악할 수 있습니다.

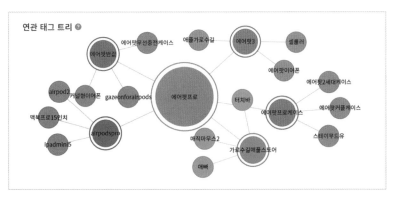

▲ 연관 태그 트리

분석한 해시태그와 연관된 태그들을 통해 고객들의 관심사와 반응을 살펴볼 수 있습니다. 월별 인기포스트의 유형과 시간별 인기포스트 반응 범위, 점유시간도 확인할 수 있습니다.

새로운 제품의 수요를 파악하거나 기존 제품의 만족도를 조사할 때
가장 많이 사용하는 방법은 잠재고객 또는 기존 고객들에게 설문을
통해 직접 의견을 물어보는 것입니다. 이때 필요한 설문지를 보다 수
월하게 작성하고 설문 결과를 체계적으로 관리할 수 있는 툴을 살펴
보겠습니다.

구글 폼

구글 폼(설문지)은 온라인 신청서와 설문지를 생성하고 관리할 수 있

는 서비스입니다. 개인적으로 필요한 정보부터 비즈니스 고객의 의견이나 평가까지 설문을 통해 쉽게 수집할 수 있습니다.

✅ 설문지 만들기

구글 폼 서비스(www.google.com/forms/about)에 접속한 후 [Google 설문지로 이동하기] 버튼을 누릅니다. 구글 로그인이 필요하므로 계정이 없는 사람들은 가입해야 합니다.

▲ 구글 폼 만들기

설문지로 이동하면 새 양식 템플릿과 최근 작성한 설문지 리스트를 보여줍니다. 템플릿 갤러리를 누르면 개인, 업무, 교육 등에 관련된 다양한 샘플 양식을 확인할 수 있고 자유롭게 사용할 수도 있습니다. 새로운 설문지 작성을 위해서 [새 양식 시작하기] 버튼을 누릅니다.

▲ 설문지 템플릿

▲ 설문지 메뉴

설문지 질문과 응답 메뉴가 있고 각 항목에 대한 기능 메뉴를 확인할 수 있습니다.

① **질문 추가**: 새로운 질문 항목을 추가할 수 있습니다.

② **질문 가져오기**: 이전에 작성해둔 설문지에서 질문을 가져옵니다.

③ **제목 및 설명 추가**: 섹션이나 소제목이 필요할 경우 추가합니다.

④ **이미지 추가**: 설문에 필요한 이미지를 추가합니다.

⑤ **동영상 추가**: 설문에 필요한 동영상을 추가합니다.

⑥ **섹션 추가**: 설문을 섹션별로 구분해야 할 때 사용합니다.

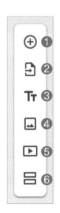

▲ 기능 메뉴

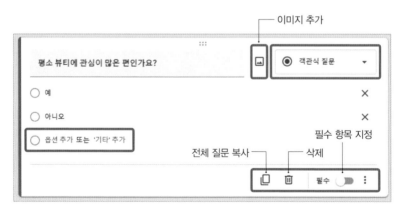

▲ 설문지 제목과 설명 문구 작성

설문지의 제목과 설명 문구를 조사 내용에 맞춰 작성합니다. 오른쪽엔 설문지 작성에 필요한 기능 항목 메뉴가 있습니다. 설문지 구성에 필요한 기능들을 적절하게 활용할 수 있습니다.

이미지 추가

전체 질문 복사 ┐ ┌ 삭제

필수 항목 지정

▲ 답변 옵션 추가

첫 번째 질문 항목을 만들고 답변 옵션을 추가해보겠습니다. 질문 또는 답변마다 필요한 이미지도 추가할 수 있습니다. 질문 창 오른쪽 하단에는 전체 질문 복사, 삭제, 필수 항목 지정 기능이 있습니다.

객관식 질문 메뉴를 눌러보면 답변 형식을 선택할 수 있습니다. 단답형, 장문형, 객관식, 체크박스, 드롭다운, 파일 업로드, 선형 배율, 객관식 그리드, 체크박스 그리드, 날짜, 시간 등의 답변 형식을 질문에 따라 선택해서 사용할 수 있는 기능입니다.

▲ 객관식 질문 메뉴

▲ 응답 기능

각 기능들을 활용해서 질문 작성을 완료했다면 이제 응답 기능을 살펴보겠습니다. 응답 메뉴를 누르고 오른쪽에 있는 스프레드시트 모양의 버튼을 누릅니다.

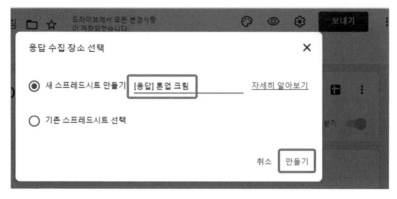

▲ 스프레드시트 만들기

'새 스프레드시트 만들기'에서 문서 이름을 적고 [만들기] 버튼을 누릅니다.

▲ 스프레드시트에 생성된 데이터

새로운 스프레드시트가 생성되었습니다. 이제부터 질문 대상자가 답변을 하면 실시간으로 응답 데이터가 저장됩니다.

✅ 응답 확인하기

이번에는 질문에 대한 공유 링크를 만들고 답변을 받아보도록 하겠습니다.

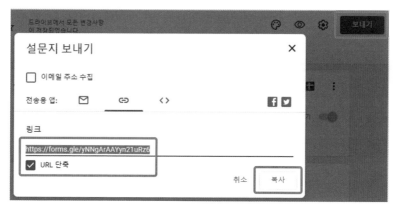

▲ 설문지 보내기

맨 오른쪽 상단에 있는 [보내기] 버튼을 누르면 설문지 보내기 기능창이 나타납니다. 설문지를 보내는 방법은 메일, 링크, HTML 삽입 등이 있습니다. 그중 링크 메뉴를 선택해보겠습니다. 기본으로 생성되는 링크 주소는 너무 길기 때문에 URL 단축 버튼을 눌러서 짧은 URL을 생성한 후 복사합니다. 복사한 URL을 설문 대상자(잠재고객 등)에게 보내서 응답을 받을 수 있습니다.

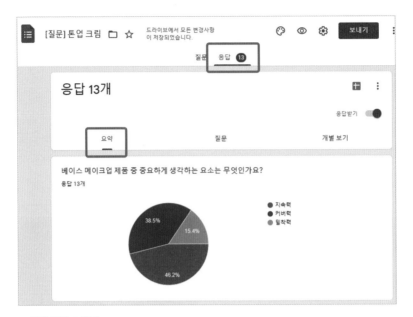

▲ 응답 결과 그래프

 설문지 링크를 보내서 몇 명의 고객들에게 응답을 받고 난 뒤에 [응답>요약] 메뉴로 가보겠습니다. 응답 결과를 그래프로 확인할 수 있고 [질문] 메뉴에서는 각 질문의 항목별 응답 개수를 살펴볼 수 있습니다.

오픈서베이

오픈서베이는 구글 폼처럼 설문지를 무료로 만들어서 설문 결과까지 관리할 수 있는 서비스입니다. 약간의 비용을 들인다면 원하는 조건에 맞는 설문 응답자(패널)도 구할 수 있습니다. 오픈서베이를 통해 설문을 작성하고 응답을 요청하는 방법을 알아보겠습니다.

우선 오픈서베이 사이트(opensurvey.co.kr)에 접속하고 회원가입을 진행합니다. 회원가입 후 로그인하고 오른쪽 상단의 [내 설문] 메뉴를 선택합니다.

▲ 내 설문 페이지

[내 설문] 페이지에는 전체 설문, 북마크, 결과 분석 메뉴가 있고 필요할 경우 새 폴더를 만들어서 설문을 관리할 수 있습니다.

오른쪽 상단의 [새 설문 만들기] 버튼을 누르면 [패널]과 [폼] 메뉴가 보입니다. 패널은 오픈서베이에서 제공하는 패널(응답자)을 이용하는 것이고, 폼은 설문 양식을 만들어 직접 응답자를 찾는 방식입니다.

✅ 폼 설문조사

먼저 [폼] 메뉴를 선택하고 설문 제목을 작성한 후 [시작하기]를 눌러 보겠습니다.

▲ 새 설문 만들기

▲ 설문조사 안내문

설문 작성 메뉴는 문항 편집, 미리보기, 응답 수집으로 구성되어 있습니다. [문항 편집]에서 설문조사 안내문을 작성해줍니다. 오른쪽에 있는 [펼치기]를 누르면 설문조사 관련 유의 사항들을 확인할 수 있습니다.

▲ 질문지 항목

질문 항목은 객관식, 주관식, 평가형으로 작성할 수 있습니다. 객관식 단일 응답을 선택하고 각 보기 항목을 작성해보겠습니다. 질문에 대한 응답도 단일 응답, 척도형, 중복 응답, 순위형으로 선택할 수 있고, 필요한 경우 문항 로직 기능 사용할 수 있습니다. 오른쪽 상단의 메뉴를 통해서 삭제, 복사, 미리보기 등의 기능을 이용할 수 있으며, 왼쪽 하단에는 새로운 질문 추가 버튼이 있습니다.

▲ 문항 세부 설정

필요할 경우 보기에 사진을 추가할 수 있고, 응답 시 특정 옵션을 설정하거나 보기를 한 번에 편집하는 기능도 사용할 수 있습니다.

▲ 설문 미리보기

작성한 설문은 [미리보기] 메뉴에서 확인할 수 있으며 [미리보기 링크 공유]를 통해 PC나 모바일 등 다양한 환경에서 테스트해볼 수 있습니다.

▲ 실시간 응답 결과 확인

마지막으로 [응답 수집] 메뉴에서 설문을 공유할 수 있는 링크를 생성해보겠습니다. 생성된 링크를 고객들에게 문자, 카카오톡, 메일 등으로 공유해서 직접 설문조사를 진행하고 결과를 확인할 수 있습니다.

✅ 패널 설문조사

이번에는 새 설문 작성하기에서 [폼] 메뉴가 아닌 오픈서베이 패널에게 설문을 보낼 수 있는 [패널] 메뉴를 선택해보겠습니다.

▲ 패널 메뉴

▲ 설문 설정 항목

앞서 살펴본 폼 설문조사와 달리 설문 작성 과정에 [설문 설정] 항목이 하나 더 생긴 것을 볼 수 있습니다. [설문 설정]에서는 오픈서베이의 패널 조건을 응답자 수, 연령, 성별, 지역 등으로 나눠 자유롭게 선택할 수 있습니다.

▲ 상세 타겟팅 선택

[상세 타겟팅 선택]에서는 나이, 직업, 가족 구성, 구매 채널 등의 항목을 보다 세세하게 선택할 수 있으며 응답자 조건을 직접 입력해 설정할 수도 있습니다.

오픈서베이 패널에게 설문을 진행하는 것은 비용이 들기 때문에 예상 견적을 확인하고 필요할 경우 예산에 따라 적절히 이용해보기 바랍니다.

숙취해소제 설문조사
응답 수집 시작 2021.03.19 · 결과 보기 · 문항 보기 · 문항 복사 · 진행 중 · 문항 수 2 · 응답 수 0

[예시 설문] 일상 생활 관련 설문
응답 수집 완료 2019.11.12 · 결과 보기 · 문항 보기 · 문항 복사 · 완료 · 문항 수 15 · 응답 수 800

▲ 내 설문 페이지

설문지 작성을 완성하고 링크를 공유해 응답을 받으면 내 설문 페이지에서 해당 설문의 리스트와 결과 보기, 문항 보기, 문항 복사, 문항 수, 응답 수 등을 한 번에 확인할 수 있습니다. [결과 보기] 메뉴를 선택해보겠습니다.

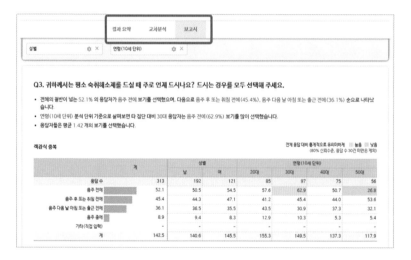

▲ '결과 보기' 메뉴

[결과 보기] 메뉴에서는 결과 요약, 교차 분석, 보고서 기능을 그래프 자료로 제공합니다. 각 기능에 대한 결과 자료는 링크를 통해 공유하거나 메일, PPT, 엑셀 등을 통해 다운받을 수 있습니다.

오픈서베이는 폼 설문조사와 패널 설문조사 외에도 브랜드, 광고, 채널 반응 조사 등의 컨슈머 솔루션과 전문가 상담 서비스를 제공하고 있으니 잘 활용해보기 바랍니다.

● ● ●

유동혁

스타트업 '프라페' 대표

간단한 자기소개를 부탁드립니다.

안녕하세요. 빅데이터와 AI 추천 기술을 적용해 명품 정품 식별 서비스를 제공하는 '찐짭'이라는 플랫폼을 운영하고 있는 유동혁입니다.

사업 초기부터 온라인 시장조사를 해오셨나요?

지금의 회사를 꾸려온 지는 얼마 되지 않았지만, 여러 분야에서 꽤 오랜 기간 동안 비즈니스를 해왔습니다. 그때는 딱히 시장조사라는 개념보다는, 사업에 필요한 정보를 온라인에서 검색하거나 주변의 이야기를 통해 정보를 얻고 활용해왔습니다. 그러다 본격적으로 스타트업을 준비하면서 정부 지원 사업계획서나 제안서 등을 작성하기 위해서는 보다 체계적인 시장조사가 필요하다는 것을 알게 되었습니다. 지금은 시장조사에 대해 조금씩 공부하면서 실무에 적용해가고 있습니다.

온라인 시장조사가 어떻게 도움이 되었나요?

처음엔 사업계획서 작성이나 전반적인 시장을 파악하는 데 도움을 받는 정도로만 여겼습니다. 하지만 지금은 사업을 진행하는 대부분의 영역에서 시장조사가 반드시 필요하다고 실감하고 있습니다.

저희가 운영 중인 '찐짭' 앱의 개발 단계에서는 이 서비스와 기술의 시장 규모가 어느 정도인지를 각종 보고서 자료를 통해서 파악했습니다. 그리고 대략적인 잠재고객이나 경쟁사 서비스의 장단점 등을 조사하고 정리했습니다. 특히 시장조사를 통해 국내 명품 시장의 규모가 매우 안정적으로 증가하고 있다는 것을 명확한 수치로 확인함으로써 우리가 만드는 서비스를 필요로 하는 잠재고객이 충분히 존재한다고 확신할 수 있었습니다.

앞으로 온라인 시장조사를 어떻게 활용할 계획이신가요?

서비스를 오픈하고 나서는 직접적인 사용자는 누구인지, 그들이 현재 우리 서비스를 이용하면서 느끼는 불편한 사항은 없는지, 서비스 내에서 특히 어떤 메뉴에 반응하고 있는지 등을 지속적으로 모니터링하고 있습니다. 모니터링 결과를 통해 기술이나 서비스 면에서 개선할 사항들을 점검하고 점차적으로 안정적인 서비스 고도화 작업을 진행해갈 예정입니다. 저희가 가진 기술과 역량으로 고객에게 꼭 필요한 것을 만들어가고 싶습니다.

스타트업에게 시장조사란 어떤 의미가 있나요?

특정 분야에서 처음 사업을 시작하거나 경험과 자원이 제한적인 작은 규모의 스타트업에게 시장조사란, 본격적으로 사업화를 진행하기 전에 아이템을 점검하고 사업의 타당성을 재검토하기 위해 무엇보다도 중요하고 반드시 해야 할 일이라고 생각합니다. 꾸준한 시장조사를 통해서 고객이 진짜로 원하는 니즈를 찾아서 적용하다 보면 고객들에게 인정받는 서비스가 되고, 그 분야의 대표 브랜드로 자리 잡게 된다면, 나중에 더 많은 경쟁 업체들이 나오더라도 충분한 경쟁력을 가질 수 있을 거라 믿습니다.

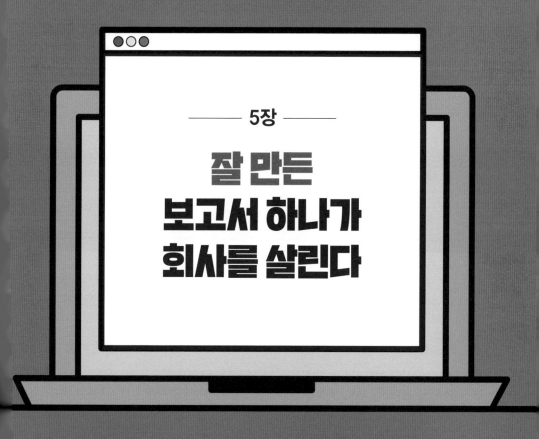

5장

**잘 만든
보고서 하나가
회사를 살린다**

나만의 시장조사
보고서
작성하는 법

회사의 규모나 환경에 따라서 시장조사를 해야 하는 이유는 무척 다양합니다. 그중 몇 가지만 살펴보자면 우선 창업자는 시장조사를 통해 자신의 사업 아이템을 선정하거나 아이디어를 구체화하고 사업의 타당성을 검토해볼 수 있습니다. 회사에서는 신제품을 개발하거나 마케팅 전략을 수립할 때 시장조사가 필수입니다. 기업의 CEO는 경쟁사를 조사하고 시장 포지션을 파악해서 신규 사업 진출에 대해 고민해볼 수 있습니다. 물론 정부 지원 사업의 사업계획서나 IR 투자계획서에도 시장조사는 무조건 포함되어야 합니다.

이번 장에서는 앞에서 소개한 온라인 시장조사 도구들을 활용해서 직접 보고서를 작성해보도록 하겠습니다.

1. 온라인 기사 검색을 통한 트렌드 조사

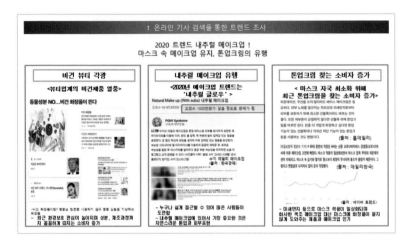

화장품 시장에 진출하려는 작은 스타트업이 톤업크림 신상품을 개발하기 위한 시장조사 보고서입니다.

우선 톤업크림을 포함한 화장품 업계의 전반적인 현황을 알기 위해 온라인 기사 검색을 통해 트렌드를 조사합니다. 기사 내용을 살펴보니 현재 뷰티업계에서는 동물 성분이 없는 비건 제품이 뜨고 있으며, 메이크업 트렌드로 '내추럴 글로우'가 주목받고 있다는 사실을 알수 있습니다. 그리고 코로나19로 마스크 착용 시 마스크 안쪽에 남는 자국을 최소화하기 위해 톤업크림을 찾는 사용자가 늘고 있다는 기사도 볼 수 있습니다.

2. 검색어트렌드 분석을 통한 시장 현황 조사

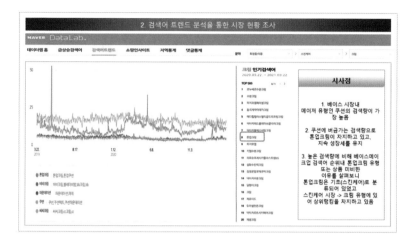

소비자들의 온라인 활동 데이터를 제공하는 네이버 데이터랩을 통해 검색어트렌드를 살펴보겠습니다. 베이스메이크업 시장에서는 쿠션의 검색량이 가장 높고, 그다음으로 톤업크림이 차지하면서 꾸준한 성장세를 보이고 있습니다. 톤업크림이 높은 검색량이 비해 베이스메이크업 인기 순위에서는 다소 밀리는 이유를 확인해보니 기초(스킨케어) 제품으로 분류되어 크림 유형에 포함되어 있다는 사실을 알수 있습니다.

3. 검색어 순위 분석을 통한 시장 현황 조사

쇼핑인사이트에서 베이스메이크업과 톤업크림의 인기검색어 순위를 한번 살펴보겠습니다. 베이스메이크업 분야의 인기검색어 상위권은 쿠션, 팩트, 파운데이션 유형 위주의 특정 브랜드 상품이 차지하고 있습니다. 반면에 톤업크림 분야에서는 유명 브랜드보다는 인디 브랜드가 상위에 노출되어 있고 톤업크림이라는 키워드 자체가 인기검색어 1위를 차지하고 있습니다. 이런 현상은 아직 유명 브랜드가 접근할만큼 톤업크림 시장이 크지 않거나 소비자 니즈에 비해 톤업크림에 대한 만족도가 낮을 수 있다는 것을 추측해볼 수 있습니다.

4. 연관어 분석을 통한 시장 현황 조사

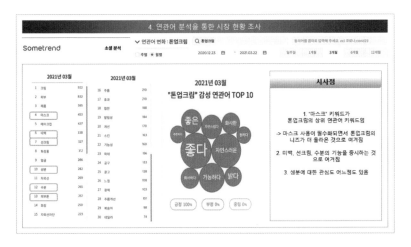

　　이번에는 썸트렌드를 활용해서 연관어 분석을 해보겠습니다. 톤업크림을 검색하면 마스크, 미백, 선크림, 성분 등의 키워드가 상위에 나타납니다. 앞서 뉴스 기사에서도 언급된 것처럼 마스크 사용이 일상화되면서 톤업크림의 수요가 더 많아진 것을 알 수 있습니다. 미백, 선크림, 수분 등의 기능이나 성분에 대한 관심은 여전히 높은 편이고 톤업크림에 대한 감성 연관어로는 '좋다, 자연스러운, 밝다' 등의 긍정적인 키워드가 대부분을 차지하고 있습니다.

5. 채널별 랭킹 확인을 통한 경쟁사 조사

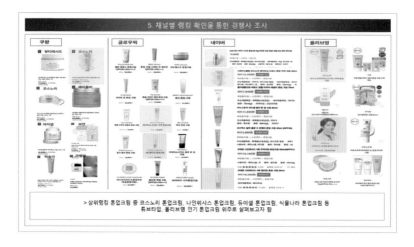

쿠팡, 글로우픽, 네이버, 올리브영 등 화장품 분야의 대표적인 온라인 유통 채널에 접속해서 톤업크림 상품군의 인기도 랭킹을 확인하고 경쟁사를 조사해보겠습니다. 상위에 랭크된 코스노리, 나인위시스, 듀이셀, 식물나라 등의 톤업크림 브랜드에서 튜브 타입 위주로 살펴보고자 합니다.

6. 경쟁사 상세 정보 및 리뷰 조사

톤업크림 카테고리의 인기 브랜드 중에서 경쟁이 될 만한 제품을 몇 개 고른 다음 제품명, 용량, 가격 등의 일반적인 사항부터 품질에 대한 장단점을 파악합니다. 앞서 소개한 고객들의 리뷰를 확인할 수 있는 곳이나 솔루션 등을 활용하면 좋습니다. 해당 제품에 대한 고객들의 상품평을 분석해서 의미 있는 고객 반응을 도출해볼 수 있습니다.

7. 설문지를 활용한 고객 니즈 조사

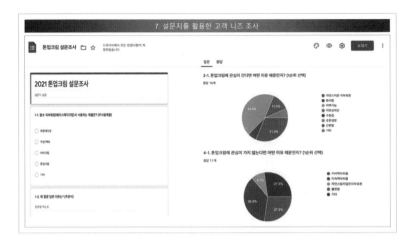

    온라인상에 노출된 고객들의 반응 데이터만으로 부족하다면 잠재 고객에게 궁금한 사항들을 온라인 설문지로 작성해서 직접 물어볼 수도 있습니다. 설문 결과를 보면 톤업크림에 대한 주요 관심사는 '미백'과 '자연스러운 피부 표현'이고, 불만 요소로는 '커버력'과 '지속력'에 대한 아쉬움이 큰 것으로 확인됩니다.

8. 우위·차별 요소 도출 및 콘셉트 설계

앞에서 조사한 내용들을 토대로 해서 기존 톤업크림과 비교해 개발 중인 신제품의 우위 및 차별화 요소를 도출하고 콘셉트 설계를 진행합니다. 개발 중인 제품의 우위점은 매끈하고 광택이 나는 피부 표현이 가능하다는 점과 워터프루프 기능으로 밀착지속력을 갖추었다는 것이고, 차별점은 미백 효과 성분을 강화했다는 점입니다. 따라서 신제품의 콘셉트를 '새틴처럼 매끈하게 착! 온종일 철벽 미백 톤업크림'으로 정해봅니다.

9. 공략 포지셔닝 점검

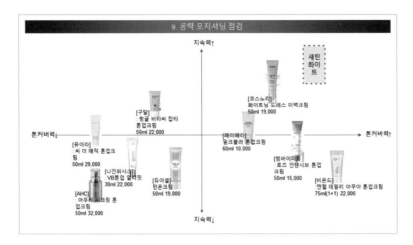

이미 수많은 브랜드 제품들이 포진하고 있는 톤업크림 시장에서 우리 신제품이 공략해야 할 포지셔닝도 한번 확인해보겠습니다. 톤업크림의 지속력과 톤커버력을 기준으로 하고 기존 브랜드 제품들의 위치와 신제품이 들어가야 할 위치를 시각적으로 배치하고 점검해봅니다.

10. 전략 점검

목적	톤업 크림으로 베이스 메이크업 시장 리딩	**타겟**	1.베이스 메이크업을 하면서 기초 기능 중시 고객 2.자연스럽고 화사한 피부표현 중시 고객 3.기초+커버+자외선차단 올인원 편리함 니즈 고객

10. 전략 점검

상품 전략	1. 톤업 크림에서 요구되는 기초(미백) 기능 강화 (앰플유형에서 인기있는 대표 미백 성분 적용) 2. 차원이 다른 지속력 구현으로 기존 톤업크림의 한계 극복
커뮤니 케이션 전략	<u>1. 톤업크림에 대한 기존 고정관념 극복 필요</u> : 남다른 지속력 강조 -> 시각적으로 보여줄 수 있는 요소가 아니기 때문에 신뢰 인플루언서 및 일반인 사용경험을 통한 커뮤니케이션 필요 <u>2. 기존 다른 베이스메이크업 유형 고객 유인 필요</u> : 톤업크림만의 베네핏 강조 1) 기초+커버+자외선차단 올인원편리함 강조 2) 자연스럽고 화사한 피부표현 시각적 강조 -> 짧은 영상 컨텐츠 커뮤니케이션 병행 필요

마지막으로 모든 자료조사를 취합하고 분석해서 톤업크림 신제품 출시를 위한 전반적인 전략을 점검하고 정리해봅니다. '톤업크림으로 베이스메이크업 시장을 리딩한다'는 목적을 중심으로 타깃 고객 설정과 상품 전략 및 커뮤니케이션 전략들을 하나씩 정리하면서 시장조사 보고서 작업을 마무리합니다.

이 외에도 참고가 될 만한 시장조사 보고서 샘플을 몇 가지 더 만들어두었으니, 아래 큐알코드를 통해 다운받아 보고서 작성 시 유용하게 활용하기 바랍니다.

시장조사 보고서
샘플 다운로드

IT·모바일 분야

IT 지식포털 ITFIND / www.itfind.or.kr

IT산업 전반에 관한 국내외 기술, 시장 및 경영 정보, 연구 결과 보고서, 기술시장 보고서, ICT 뉴스, 특허 정보, 학술 정보, 각종 발간물 등 1천여만 건의 콘텐츠를 제공합니다.

정보통신산업진흥원 / www.nipa.kr

정보통신 관련 정책 및 분석 보고서, 산업백서 및 연차 보고서, 이슈 리포트, 글로벌 시장 보고서, 법령 및 규정 서식 등을 제공합니다.

정보통신정책연구원 / www.kisdi.re.kr

정보통신 관련 융합정책, 국가사회 정보화정책, 산업정책, 공정경쟁정책, 우정정책 등 연구성과에 대한 다양한 보고서를 발간하고 방송통신 동향을 제공합니다.

모비인사이드 / www.mobiinside.co.kr

국내외 IT, 마케팅, 비즈니스 소식을 전달하고 각 분야의 특집기사, 인사이트, 인터뷰 등을 통해서 심층 분석 자료를 제공합니다.

경제·금융 분야

삼성경제연구소 SERI / www.seri.org

국내에 경제 관련 분야의 연구 보고서, CEO 인포메이션, 경제포커스 및 경영노트, 소비자태도조사, SERI 포럼, 연구기관 및 공공기관 자료를 제공합니다.

LG경제연구원 / www.lgeri.com

매년 국내외 경제 전망 리포트를 발간하고 각 분야별 산업이나 이슈에 대해 비즈니스와 테크놀로지 정보를 분석해서 제공합니다.

한국금융연구원 / www.kif.re.kr

국내외의 최신 금융제도, 금융정책, 금융회사 경영 정보, 연구 동향 및

이슈 등 금융 전반에 걸친 과제를 체계적으로 연구하고 분석 결과를
제공합니다.

한국개발연구원 / www.kdi.re.kr

각 분야별 산업 연구 자료, 정책 연구 시리즈, 연구 보고서, 용역 보고
서, 경제 전망과 동향 보고서를 제공합니다.

대외경제정책연구원 / www.kiep.go.kr

국제경제정책과 관련된 문제 조사, 연구, 분석을 위한 기관으로 국제
경제 현안 분석, 세계경제 동향, 발간 자료 등을 제공합니다.

통계·소비자 분야

통계청 국가통계포털 / www.kosis.kr

300여 개 기관이 작성하는 경제·사회·환경에 관한 1천여 종의 국가승
인통계와, 국제금융·경제에 관한 IMF, World Bank, OECD 등의 최
신 통계도 제공하고 있습니다.

KOTRA 해외시장뉴스 / news.kotra.or.kr/kotranews/index.do

전 세계 경제, 통상, 투자 뉴스를 제공하고 국가별 유망 상품 및 산업
정보와 트렌드, 국가 지역별 비즈니스 정보, 해외의 현장 비즈니스 자
료를 제공합니다.

한국갤럽조사연구소 / www.gallup.co.kr

여론조사 전문 기업으로 부동산, 유통, 식음료, 관광, 금융 등의 각 분야의 소비자 조사 결과를 통계 자료 리포트로 제공합니다.

열린소비자포털 / www.consumer.go.kr

정부, 공공, 민간 기관에 분산되어 있는 각 분야의 소비자 정보와 상품 및 안전 정보, 소비자 상담 및 피해 분쟁 자료 등을 맞춤형으로 제공합니다.

광고·마케팅 분야

DMC리포트 / www.dmcreport.co.kr

광고 마케팅 분야의 최신 트렌드와 관심사 리포트부터 각 분야별, 미디어별, 업종별 전문화된 리포트까지 실무 종사자에게 필요한 자료를 제공합니다.

오픈애즈 / www.openads.co.kr

마케터를 위한 업계 정보 큐레이션 플랫폼으로 업종별 트렌드, 디지털 마케팅 전략, 브랜딩 전략 자료와 함께 각종 광고 마케팅 상품 정보를 제공합니다.

나스미디어 / www.nasmedia.co.kr

모바일 광고, 디지털 광고, 옥외광고 미디어렙사에서 운영 중이며 매월 정기 보고서, 매년 인터넷 이용자 조사 NPR 보고서를 제공합니다.

방송통신광고 통계시스템 / adstat.kobaco.co.kr

광고산업 연구에 필요한 국내외의 각종 통계와 여론조사 자료를 포함해서 광고비, 시청점유율, 마케팅 조사 자료를 제공합니다.

광고정보센터 / www.adic.or.kr

국내외 광고물 DB부터 광고계 동향, 매거진, 광고 관련 전문리포트와 정기간행물 등 방대한 광고 업계의 정보 및 자료를 제공합니다.

기타 산업 분야

산업연구원 / www.kiet.re.kr

국내외 산업과 무역통상 분야를 서로 연계해 전문적으로 연구하는 국책기관으로 산업 경제 이슈 및 연구 보고서, 산업 동향 분석, 산업 주요정책 등을 제공합니다.

생명공학정책연구센터 / www.bioin.or.kr

바이오산업 분야의 국내외 뉴스, 기업 및 사업 공고, 최신 기술 및 산업 동향, 각종 법령과 정책, 규제 및 개선 현황 정보를 제공합니다.

보건산업통계 / www.khiss.go.kr

제약, 의료기기, 화장품, 식품, 고령친화산업, 의료서비스 등 보건의료 산업 분야의 세계시장 규모와 주제별, 산업별 주요 통계 자료를 제공합니다.

국토연구원 / www.krihs.re.kr

국토종합계획의 수립, 국토의 이용과 보전, 지역 및 도시계획, 주택 및 토지정책, 교통, 건설경제, 환경, 수자원, 공간 정보 등의 연구 자료를 제공합니다.

한국부동산원 / www.reb.or.kr

부동산의 가격 공시 및 통계 자료, 부동산 정보 관리, 시장정책, 감정평가 정보, 도시재생 사업, 부동산 R&D, 시세 정보 등을 제공합니다.

식품산업통계정보시스템 / www.atfis.or.kr

식품과 외식산업 분야의 관련 통계 자료와 업계 뉴스, 시장조사 보고서, 외식문화 콘텐츠, 지원정책 및 사업 정보를 제공합니다.

한국농촌경제연구원 / www.krei.re.kr

농림경제 및 농촌사회를 종합적으로 조사·연구하는 기관으로 각종 연구 보고서, 농정 포커스, 농촌 현안 분석, 정기간행물 등을 제공합니다.

한국관광 데이터랩 / datalab.visitkorea.or.kr

관광 특화 빅데이터 플랫폼으로 이동통신, 신용카드, 내비게이션, 관광 통계, 조사 연구 등 다양한 관광 빅데이터 및 융합 분석 서비스를 제공합니다.

한국데이터산업진흥원 / www.kdata.or.kr

데이터산업 분야의 조사 및 연구 보고서, 데이터 산업백서, 시장 동향, 기술 자료, 원가산정, 이슈브리핑 자료 등을 제공합니다.

●○○

전유찬

온라인 유통회사 '찬스몰' 대표

간단한 자기소개를 부탁드립니다.

안녕하세요. 저는 '찬스몰'이라는 온라인 유통회사를 운영하며 가전, 가구, 생활용품, 인테리어 등 여러 분야의 제품을 수입하고 자체 상품을 개발해서 온라인 마켓에 유통·판매하고 있습니다.

사업 초기부터 온라인 시장조사를 해오셨나요?

2007년에 온라인 쇼핑몰을 시작한 후로 수많은 상품을 판매해왔지만 단 한 번도 시장조사를 하지 않은 적이 없습니다. 물론 경험이 쌓이면서 비슷한 제품을 판매할 때는 비교적 간단히 시장조사를 하고 있지만, 그래도 시장조사를 빼놓지 않고 있습니다.

제가 사업을 처음 시작할 때만 해도 온라인 시장조사 방법이 명확하지 않았고, 노하우를 공유하거나 교육해주는 곳이 거의 없었죠. 그래서 우선 제품 판매를 시작한 다음 제 나름대로 시장조사를 해야 했습니다. 하지만 지금은 많은 노하우들이 공개되어 있어 초보자들도 쉽게 시장조사를 할 수 있습니다. 물론 저도 지금은 이런 방법들을 이용해 손쉽게 시장조사를 진행하고 있습니다.

온라인 시장조사가 왜 필요하다고 생각하나요?

온라인 쇼핑몰의 특성상 이미 시장에 똑같거나 비슷한 상품들이 너무나 많이 판매되고 있기 때문에 시장조사는 필수입니다. 하지만 지금은 시장조사 방법 역시 동일하게 공개되어 있습니다. 그래서 시장조사도 자기만의 차별점이 분명하게 있어야 한다고 생각합니다. 세밀한 키워드 분석은 당연히 해야 하고, 남들과 차별화된 판매 방법을 찾아야 할 것입니다. 그 방법을 찾을 때도 역시 시장조사가 필요하겠죠.

앞으로 온라인 시장조사를 어떻게 활용할 계획이신가요?

온라인 마켓에 대한 시장조사는 지금과 동일하거나 비슷하게 진행할 예정입니다. 현재 저희 회사에 필요한 부분은 기존의 상품을 잘 유지하고 마케팅해서 인지도를 쌓는 것입니다. 하지만 모든 상품이 판매가 잘되고 있는 것은 아니기 때문에, 판매가 부진한 분야와 상품에 대해서는 새롭게 시장조사를 진행해 다시금 좋은 판매 성과가 나도록 할 것입니다. 시장조사는 생각의 틀을 깨주고 전혀 예상하지 못했던 새로운 부분을 알게 해줍니다. 이런 내용들을 참고해 판매와 마케팅에 좀 더 신경 쓸 계획입니다.

온라인 쇼핑몰 운영자에게 시장조사란 어떤 의미가 있나요?

앞에서도 언급했지만 지금은 너무나도 많은 정보들이 공개되어 있습니다. 제대로 정리된 시장조사 방법이 없던 시절에 사업을 시작해 하나하나 직접 터득해온 입장에서는 어떻게 보면 억울하다는 생각이 들 수도 있습니다. 저도 처음에는 그런 마음이 들었습니다. 하지만 다르게 생각해보면 모든 온라인 쇼핑몰 판매자가 동등한 입장에서 경쟁할 수 있게 되면서, 좀 더 좋은 상품을 찾거나 자신만의 상품을 개발하는 등의 노력을 해야 하기 때문에 긍정적인 부분도 있다고 생각합니다. 당연히 서비스도 좋아져 고객 입장에서도 만족스러울 것입니다. 경쟁이 치열한 온라인 쇼핑몰 시장에서 더 많은 사람들이 시장조사를 통해 자신만의 경쟁력을 찾아나가기를 바랍니다.

검색만 잘했을 뿐인데 매출이 두 배가 됐습니다

초판 1쇄 발행 2021년 6월 25일

지은이 | 손정일 강덕봉 김정인 남궁은
펴낸곳 | 원앤원북스
펴낸이 | 오운영
경영총괄 | 박종명
편집 | 이한나 최윤정 이광민 김상화
디자인 | 윤지예
마케팅 | 송만석 문준영 이지은
등록번호 | 제2018-000146호(2018년 1월 23일)
주소 | 04091 서울시 마포구 토정로 222 한국출판콘텐츠센터 319호(신수동)
전화 | (02)719-7735   팩스 | (02)719-7736
이메일 | onobooks2018@naver.com   블로그 | blog.naver.com/onobooks2018
값 | 17,000원
ISBN 979-11-7043-208-1 13320